ALFRED BRINK

FINANZMATHEMATIK

ALFRED BRINK

FINANZMATHEMATIK

Eine erklärende Einführungsschrift
in Worten und Bildern
mit unvermeidbarem Formelapparat

Nicht nur **für das**
wirtschaftswissenschaftliche
Bachelorstudium

Bibliografische Information der Deutschen Nationalbibliothek:
Die Deutsche Nationalbibliothek verzeichnet diese Publikation in der
Deutschen Nationalbibliografie; detaillierte bibliografische Daten sind im
Internet über http://dnb.dnb.de abrufbar.

Herstellung und Verlag: BoD – Books on Demand, Norderstedt

ISBN: 978-3-7504-3561-2

Inhaltsverzeichnis

A Einführung

Die Finanzmathematik gehört nicht nur zu den ältesten, sondern auch zu den besonders bewährten Instrumenten der Betriebswirtschaftslehre. Kein Ökonom kommt ohne die Kenntnis finanzmathematischer Verfahren und Modelle aus, egal ob im Beruf oder im Privatleben. Aber auch jeder (andere) Bürger sollte (zumindest in Grundzügen) mit den Methoden vertraut sein, unabhängig davon, ob er sich gerade Gedanken über seine aktuelle finanzielle Situation oder etwa über die spätere Altersversorgung macht. Blindes Vertrauen in die Akteure der Kapital- und Finanzmärkte dürfte mittlerweile überwunden sein und so bleibt dem Bürger nichts anderes übrig, als sich selbst mit der Materie zu beschäftigen. Bei einem (nicht repräsentativen) Beratungstest schafften es gerade einmal drei von 40 Bankfilialen folgende Aufgabe richtig zu lösen: „Wie hoch ist die Sparrate, um in 20 Jahren ein Vermögen in Höhe von 540.000 [..] aufzubauen? Annahme: Zins pro Jahr 7 Prozent."[1] Dabei war jedes Hilfsmittel zur Lösung der Rechenaufgaben zugelassen, es gab keine Zeitvorgaben und die Befragten konnten Kollegen oder Vorgesetzte zur Beantwortung hinzuziehen.[2] Auch Untersuchungen der Zeitschrift FINANZTEST zeigen immer wieder die Unzulänglichkeiten oder bewussten Manipulationen von einzelnen Banken und Finanzdienstleistern etwa bei der Berechnung von Zinsen und Zinseszinsen.[3]

Bei allen unternehmerischen Entscheidungen, die den Investitions- oder Finanzierungsbereich betreffen, werden finanzmathematische Methoden eingesetzt. Aber auch in der Privatsphäre können die Studierenden finanzmathematische Kenntnisse gebrauchen, um etwa nach Abschluss des Studiums zu überlegen, das gewährte Bafög-Darlehn entweder mit einem entsprechenden Rabatt in einem Betrag oder aber ohne Abzug in Raten abzuzahlen. Schon während des Studiums kann das Entscheidungsproblem auftreten, die Jahresrechnung für Strom, Wasser bzw. Gas für das nächste Jahr im Voraus (mit einem Preisabschlag) oder in monatlichen Raten zu zahlen. Für viele steht im Laufe ihres Lebens irgendwann der Bau oder Kauf einer

---

[1] Klöckner/Dütting (2009), S. 30.
[2] Vgl. ebenda.
[3] Siehe https://www.test.de/unternehmen/publikationen-5016939-5016943/.

Immobilie an. Dazu legt die Bank dann einen umfassenden Finanzierungsplan vor, der sich vom Bauherrn bzw. Käufer nur mit Kenntnissen der Finanzmathematik beurteilen lässt. Manche leasen oder finanzieren ihren privaten Pkw. Dabei stellt sich die Frage, ob es günstiger ist, den Wagen durch das Autohaus oder durch die eigene Hausbank zu finanzieren. Oft lassen sich hohe Rabatte nur bei Barzahlung (über den Kredit der Hausbank), nicht aber bei einer Finanzierung durch das Autohaus aushandeln. Im Laufe des Berufslebens stehen mit steigendem Einkommen immer wieder Fragen an, welche Anlageform jeweils am besten geeignet erscheint. Nach Ablauf des Berufslebens erhalten viele ihre Lebens- oder private Rentenversicherung ausbezahlt. Die Versicherung bietet dann an, den angesparten Betrag entweder unmittelbar auszuzahlen oder eine Verrentung vorzunehmen. Die Beispiele ließen sich unendlich fortsetzen. Allen Problemen gemeinsam ist, dass sich wirtschaftlich sinnvolle Entscheidungen nur mit Hilfe finanzmathematischer Methoden treffen lassen. Wer seiner Bank oder seinen Beratern nicht blindlinks vertraut, sollte sich mit der Finanzmathematik beschäftigen.

Die Finanzmathematik verbindet – wie der Name schon sagt – zwei Welten, die vielen, nicht nur Studierenden, großes Unwohlsein bereiten, nämlich die zurzeit kritisch beäugte Finanz*industrie* mit der Mathematik. Unabhängig von der eigenen Einstellung ist es für den Studienerfolg wirtschaftswissenschaftlicher Bachelorstudiengänge aber unabdingbar, die Hürde Finanzmathematik zu überwinden. Dabei benötigen gerade die Studierenden eine besondere Hilfestellung, die mit der Mathematik schon zu Schulzeiten Probleme hatten. Deshalb richtet sich das vorliegende Lehrbuch auch gerade, aber nicht nur an diesen Leserkreis und versucht, insbesondere die verwendeten mathematischen Formeln zu erläutern und zu begründen, um sie inhaltlich nachvollziehbar zu machen. Da eine Aneinanderreihung von Formeln nahezu jeden Leser abstößt, wird in diesem Werk der Versuch gemacht, die einzelnen Vorgehensweisen nicht nur mathematisch-symbolisch vorzustellen, sondern sie auch umfassend verbal zu erläutern und einzuordnen.

In Analogie zu mathematischen Optimierungsproblemen gilt es für dieses Lehrbuch, zunächst die notwendige und dann die hinreichende Bedingung für den Klausurerfolg sicherzustellen. Notwendig für den Erfolg ist zunächst einmal die fehlerfreie Beherrschung algebraischer Umformungen. Dies kann der Leser durch aufmerksame Lektüre und Einüben des Stoffes bewerkstelligen, damit folgende Fehler, die in einem einzigen Klausurtermin (z.T. mehrfach) aufgetreten sind, künftig nicht mehr vorkommen:

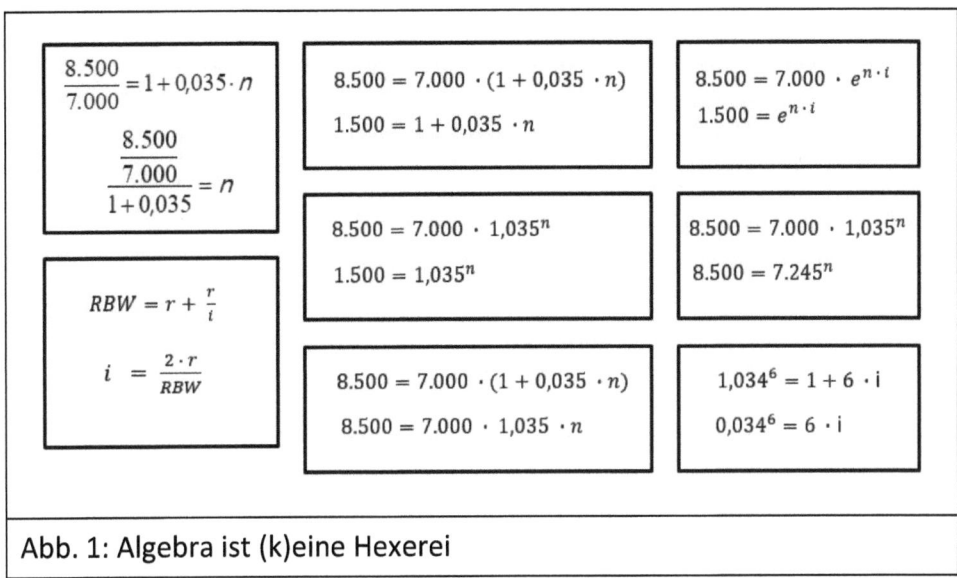

Abb. 1: Algebra ist (k)eine Hexerei

Als hinreichende Bedingung für den Prüfungserfolg gilt es, die Studierenden in die Lage zu versetzen, den Aufgabentext in adäquate mathematische Strukturen übersetzen zu können. Ohne hinreichende Beherrschung dieser Anforderung hilft es dem Klausurteilnehmer nichts, algebraische Umformungen richtig vornehmen zu können, weil es dazu in der Klausur dann gar nicht mehr kommt. Das Lösen einer möglichst großen Zahl von Übungsaufgaben hilft nur bedingt, wie langjährige Erfahrungen als Klausursteller bzw. Prüfer deutlich zeigen. Um den Leser diesbezüglich zu unterstützen, werden im vorliegenden Werk beispielhaft drei idealtypische Aufgaben umfassend verbalisiert, damit die Studierenden Anhaltspunkte haben, wie man vom Aufgabentext zur adäquaten Formel bzw. zum passenden mathematischen Ansatz gelangt.

Das vorliegende Lehrbuch kann den Stoff lediglich vermitteln. Für die Finanzmathematik gilt, wie für die Mathematik im Allgemeinen, dass ein guter Prüfungserfolg regelmäßig nur durch intensives Üben zu erreichen ist. Viele Studierende beherzigen diesen Ratschlag jedoch nicht und folgen nur den Ausführungen ihres Dozenten in der Vorlesung bzw. Übung. Dass sie glauben, diese verstanden zu haben, ist nicht verwunderlich, folgt die Mathematik doch den Prinzipien der Logik und sollte sich deshalb intellektuell für jeden Abiturienten nachvollziehen lassen. Wenn es dann aber darum geht, plötzlich eigenständig Aufgaben zu lösen, scheitern viele, die zuvor ihre Schwächen und Defizite durch den Verzicht auf Übung nicht bemerkt hatten. Aus Erfahrung sei den Studierenden empfohlen, neben eigenen Rechenversuchen, die unerlässlich sind, die Aufgaben auch in Lerngruppen von zwei bis vier Personen zu bearbeiten. Durch Diskussionen in der Gruppe bemerkt man viel deutlicher als bei Einzelarbeit, an welchen Stellen die größten Lösungsprobleme auftreten. Um die Gruppenarbeit zu befördern, wurden im Lösungsteil des Werkes nicht komplette Lösungen, sondern nur die Lösungswerte und Formelnummern angegeben. Darüber hinaus stärkt die Teamarbeit die Motivation des Einzelnen und wirkt einer möglichen Vereinsamung im Studium entgegen.

Bevor es um den eigentlichen Stoff des Lehrbuches geht, sind noch zwei Hinweise zu liefern. Zum einen sei darauf hingewiesen, dass wichtige Formeln, auf die im Buch Bezug genommen wird, kapitelweise durchnummeriert sind. Auch bei den Aufgabenlösungen werden die passenden Formelnummern jeweils angegeben. Zum Zweiten ist angesichts der aktuellen Situation von Negativzinsen darauf hinzuweisen, dass auch diese Zeiten, in der die Finanzwelt anscheinend *auf dem Kopf steht*, überwunden werden. Da Unternehmen selbstverständlich mit einer Rendite von 0% nicht einverstanden sind, ist auch derzeit in der Praxis mit positiven Zinsfüßen zu arbeiten.

B   Finanzmathematische Grundlagen
1   Gegenstand der Finanzmathematik

Die Finanzmathematik beschäftigt sich mit der Hergabe, der Verzinsung sowie der Rückgabe von Geld oder Kapital. Sie rechnet mit monetären Größen entweder in Form von unmittelbar liquiden **Einzahlungen** und **Auszahlungen**, d.h. als Bar- oder Buchgeld über die Konten Kasse bzw. Bank der Finanzbuchführung, oder umfasst auch noch mögliche Veränderungen von Forderungen bzw. Verbindlichkeiten, dann arbeitet sie mit **Einnahmen** und **Ausgaben**. Da die Anwendung finanzmathematischer Methoden unabhängig vom verwendeten Begriffspaar Einzahlungen/Auszahlungen versus Einnahmen/Ausgaben funktioniert, sei im Folgenden vereinfachend davon ausgegangen, dass Einnahmen zeitgleich mit Einzahlungen, Ausgaben zeitgleich mit Auszahlungen anfallen, so das entsprechende zeitliche Verschiebungen zwischen den genannten Größen zu vernachlässigen sind. In der Praxis der Finanzwelt ist ohnehin nicht der Zahlungszeitpunkt entscheidend, sondern der Zeitpunkt, zu dem die Verzinsung beginnt bzw. endet. Dieser Zeitpunkt muss nicht mit dem Zahlungszeitpunkt übereinstimmen, sondern wird durch die sogenannte **Wertstellung** bestimmt, d.h. durch den Zeitpunkt, zu dem die Zahlung „zum Wert gestellt" wird, respektive dem (Bank-) Konto (zins)- wirksam belastet bzw. gutgeschrieben wird.

*Wie wichtig es ist, die entsprechenden Zeitpunkte exakt auseinander zu halten, sei am Beispiel einer Bestellung von Rohstoffen im Industriebetrieb verdeutlicht. Oft ist zu lesen, dass durch die Bestellung eine entsprechende Kapitalbindung im Lager verursacht würde. Tatsächlich entsteht mit der Bestellung aber überhaupt noch keine Kapitalbindung. Auch durch den späteren Eingang der bestellten Rohstoffe im Lager wird keine Kapitalbindung hervorgerufen. Selbst durch den Verbrauch der Rohstoffe in der Produktion entsteht keine Kapitalbindung. Vielmehr beginnt die Kapitalbindung in dem Zeitpunkt, in welchem die Lieferantenrechnung für die Rohstoffe beglichen wird. Sie endet schließlich auch nicht am Ende der Produktion oder wenn das fertige Erzeugnis an den Kunden ausgeliefert wird, sondern erst, wenn der Kunde bezahlt. Insofern ist bei finanzmathematischen Rechnungen stets auf **Zahlungen** abzustellen, nicht auf Entscheidungsprozesse oder Güterströme.*

Während **Einzahlungen** vom Unternehmer als Geldmittelzuflüsse aus der Unternehmensumwelt in das Unternehmen **positiv** bewertet werden, sind **Auszahlungen** als Geldmittelabflüsse aus dem Unternehmen in die Unternehmensumwelt von ihm **negativ** zu beurteilen. Entsprechend gehen erstere mit positivem, letztere mit negativem Vorzeichen in die finanzmathematische Rechnung ein.

Gegenstand der Finanzmathematik sind Investitions- und Finanzierungsmaßnahmen. In einer für die Finanzmathematik ausreichenden, wenn auch höchst einfachen Begriffsfassung können **Finanzierungen** als **Beschaffung von Geld**, **Investitionen** als **Verwendung des beschafften Geldes** definiert werden. Eine anschauliche Abgrenzung zwischen beiden Begriffen liefert Dieter Schneider:[4] Danach ist eine Investition eine Zahlungsfolge, die mit einem negativen Element, d.h. mit einer Auszahlung (i.d.R. die Anschaffungsauszahlung für eine Maschine) beginnt, der dann nur noch positive Elemente in Form von Einzahlungen (etwa den Einzahlungsüberschüssen, die eine Maschine von Jahr zu Jahr über ihre gesamte Nutzungsdauer generiert) nachfolgen (siehe Abb. 2). Demgegenüber ist eine Finanzierung eine Zahlungsfolge (siehe Abb. 3), die mit einem positiven Element in Form einer Einzahlung beginnt (etwa in Höhe des aufgenommenen Kreditbetrages, welcher dem Unternehmen zufließt), der dann über die Laufzeit des Kredits nur noch negative Komponenten (etwa den Auszahlungen in Form von Tilgungen und Zinsen) nachfolgen.

Die Abbildungen unten verdeutlichen grafisch die Unterschiede zwischen Investitionen und Finanzierungen mit Hilfe eines Zeitstrahls. Dabei fällt auf, dass die Zahlungen jeweils dem Periodenanfang bzw. -ende zugeordnet sind. Tatsächlich liegt hiermit in der Regel ein **Abbildungsfehler** vor, denn die Zahlungen erfolgen – zumindest bei Investitionen – in der Praxis meist zu beliebigen Zeitpunkten innerhalb einer Abrechnungsperiode (vgl. Abb. 4). Ist jederzeit eine Anlage oder Aufnahme von Kapital möglich und wird dieses umgehend verzinst, müsste mit der sogenannten **Momentanverzinsung** gearbeitet und das Instrumentarium der Integralrechnung herangezogen werden.

Theoretisch könnte das (positive wie negative) Wachstum von Kapital analog zum Wachstum von Lebewesen (z.B. bei Bäumen oder Zell-, Bakterien- bzw. Pilzkulturen), der Bevölkerung oder der Volkswirtschaft insgesamt abgebildet werden, was in einzelnen **theoretischen Abhandlungen** durchaus geschieht. Zwei Gründe sprechen für **praktische Anwendungen** allerdings dagegen: Zum einen wird in der Finanzwelt regelmäßig der Tag als kleinste zeitliche Recheneinheit betrachtet, so dass Veränderungen nicht permanent beobachtet, sondern nur diskret in einem Abstand von mindestens einem Tag festgestellt werden. Zum andern kann so auf das traditionelle und einfache Verfahren des **Auf- und Abzinsens**, statt auf das aufwendige Verfahren der Integralrechnung zurückgegriffen werden. Je nach gewünschter Genauigkeit der Rechnung

---

4   Vgl. Schneider (1992), S. 20 f.

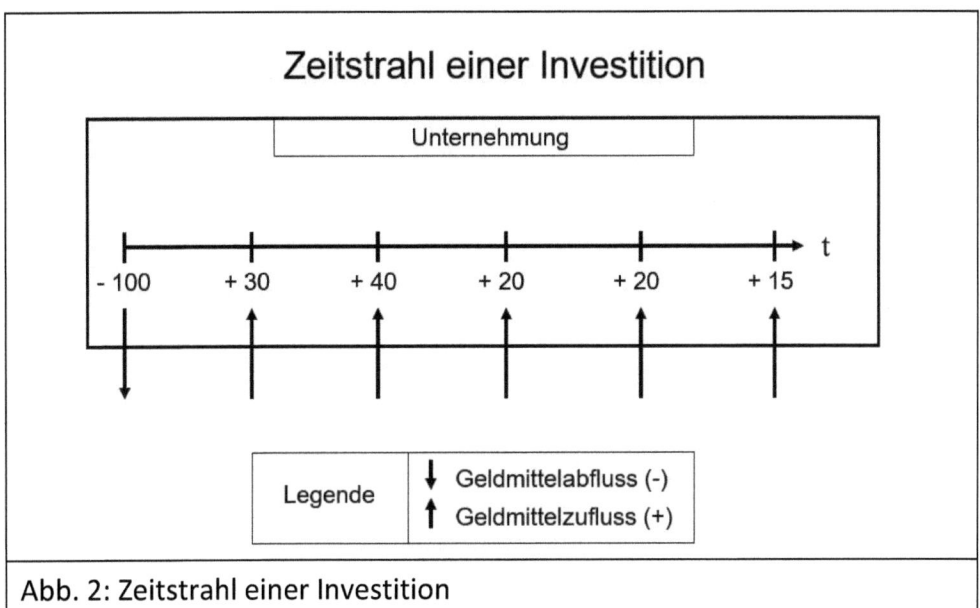

Abb. 2: Zeitstrahl einer Investition

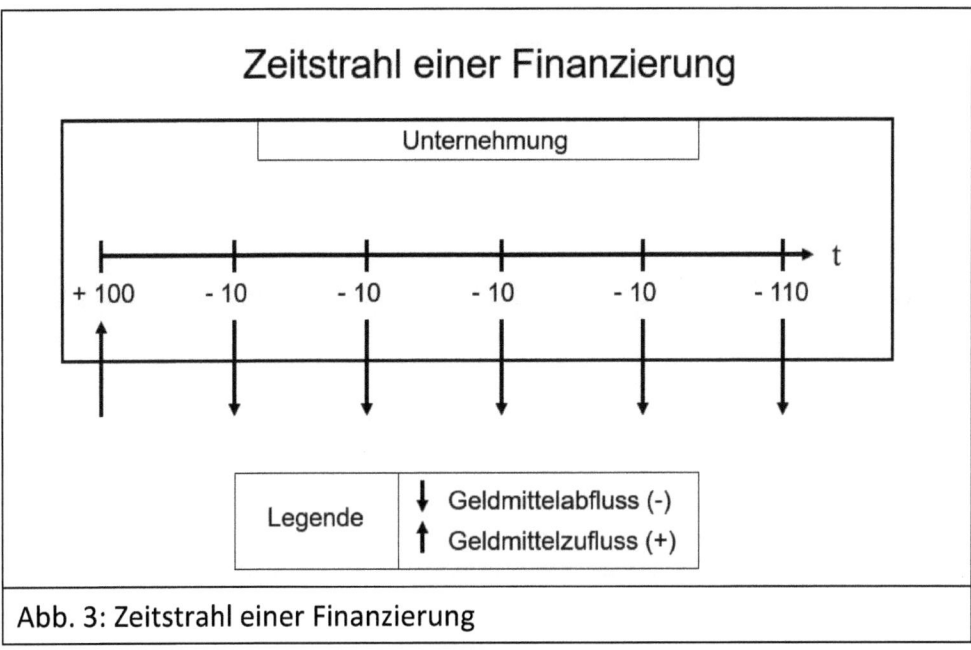

Abb. 3: Zeitstrahl einer Finanzierung

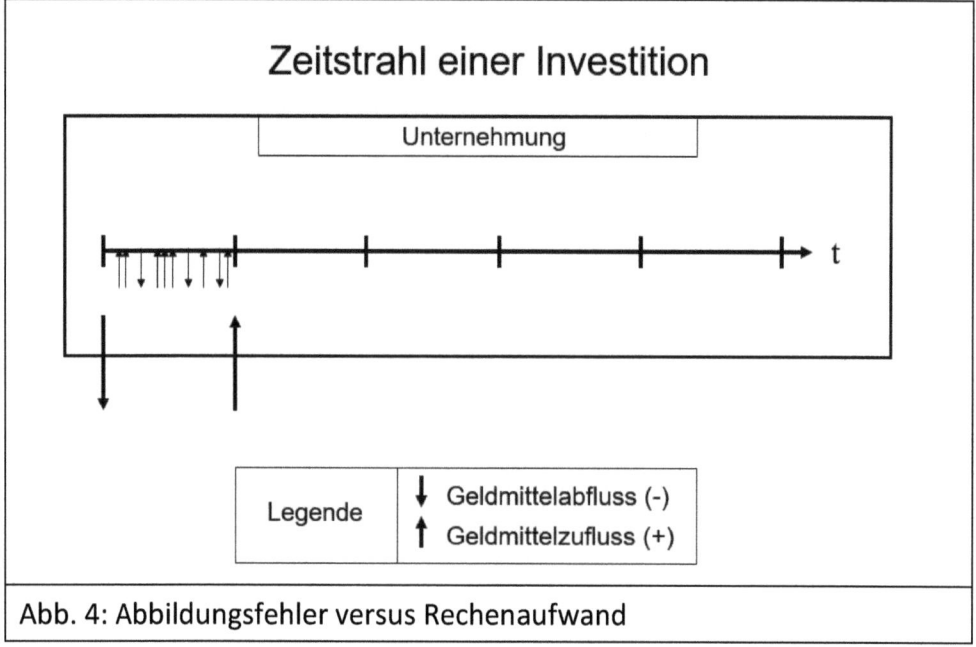

Abb. 4: Abbildungsfehler versus Rechenaufwand

kann eine tägliche, monatliche, quartalsweise, halbjährliche oder eine jährliche Unterteilung in Perioden erfolgen. Durch die willkürliche Zuordnung der
Zahlungen auf den Periodenbeginn oder das -ende wird mithin bewusst ein
Abbildungsfehler gemacht, durch den sich der **Rechenaufwand** aber erheb-
lich reduzieren lässt.

Das eigentliche Problem der Rechnung besteht nicht im geschilderten Abbildungsfehler, sondern in der erreichbaren **Prognosegenauigkeit der** in sie eingehenden **Daten**. Bei einer Nutzungsdauer einer Maschine von mehreren Jahren und einem entsprechend langen Planungs- und Prognosezeitraum ist es
eine höchst anspruchsvolle Aufgabe, die zukünftigen Zahlungen hinreichend
genau zu prognostizieren. Mag das bei Krediten wegen vertraglicher Regelungen noch vergleichsweise einfach sein, ist dieses bei den aus Investitionen
resultierenden Einzahlungsüberschüssen mit großen Problemen behaftet.
Der Investitionsrechner muss veranschlagen, wie hoch der Absatzpreis des
Produktes, das auf der betrachteten Maschine gefertigt wird, in drei, vier oder
fünf Jahren sein wird und welche Mengen sich zu diesem Preis wann auf dem
Markt absetzen lassen. Auch muss er prognostizieren, wie sich Rohstoff-

preise, Energie- und Personalkosten, Steuern etc. im Zeitablauf entwickeln. Die Zuverlässigkeit einer finanzmathematischen Berechnung hängt viel stärker davon ab, dass die in sie eingehenden Rechengrößen möglichst genau geschätzt sind, als davon, ob eine Zahlung am 30. Juli oder am 15. November geschieht. Und wer wollte schon die genaue Menge und den Preis angeben wollen oder gar können, die bzw. den ein beliebiger Kunde in drei Jahren am 12. August bei dem Unternehmen mit dem betrachteten Produkt realisiert.

Zahlungen, die zu unterschiedlichen Zeitpunkten anfallen, werden vom wirtschaftlich handelnden Menschen (*homo oeconomicus*) nicht als gleichwertig beurteilt. Eine heutige Einzahlung von 100 wird höher bewertet als eine gleichhohe Einzahlung in einem Jahr. Bei Auszahlungen verhält es sich umgekehrt: Eine heutige Auszahlung von 100 wird negativer bewertet als eine gleichhohe in einem Jahr. Um Zahlungen vergleichbar zu machen, die zu unterschiedlichen Zeitpunkten anfallen, wird der sogenannte **Kalkulationszinsfuß** herangezogen.

Bei einem jährlichen Zinssatz von 10% etwa wäre eine Einzahlung von 110 in einem Jahr äquivalent zu einer Einzahlung von 100 heute, denn wenn der Unternehmer aktuell 100 zu 10% anlegte, verfügte er in einem Jahr eben über diese 110 (vgl. Abb. 5). Eine Auszahlung von 100 in einem Jahr wäre entsprechend äquivalent zu einer Auszahlung von 90,9 heute. Wenn der Unternehmer aktuell 90,9 auf das Konto einzahlte, wäre er damit in der Lage, in einem Jahr diese Auszahlung von 100 zu tätigen (vgl. Abb. 6).

Zur **Festlegung des Kalkulationszinsfußes** gibt es höchst verschiedene, teils einfache, teils hochkomplexe Konzepte. Für Zwecke der Finanzmathematik sei wiederum auf die einfachsten Konzepte abgestellt. Danach kann sich die Höhe des Kalkulationszinsfußes zum Beispiel an den **Sollzinsen** ausrichten, die im Falle einer Kreditaufnahme zu zahlen wären, oder an den **Habenzinsen**, die im Falle einer Kapitalanlage auf dem Kapitalmarkt erzielt würden. Vielfach wird auch die Verwendung eines **Mischzinssatzes** aus beiden empfohlen. Unabhängig von den Kapitalmarktverhältnissen kann der Kalkulationszinsfuß demgegenüber als **Konsumpräferenzrate** interpretiert werden. Danach würde ein Entscheider den Kalkulationszinsfuß als Äquivalent dessen festlegen, was er erhalten möchte, wenn er seinen Konsum um eine Periode in

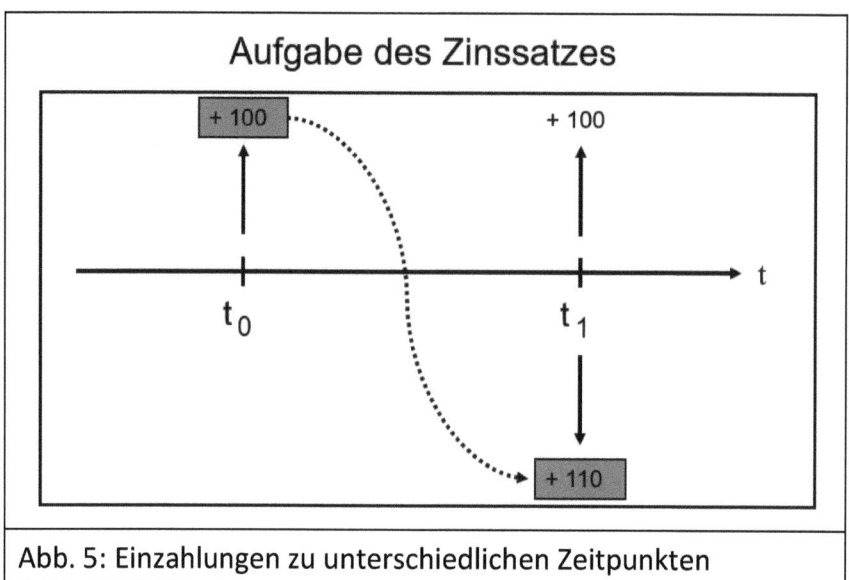

Abb. 5: Einzahlungen zu unterschiedlichen Zeitpunkten

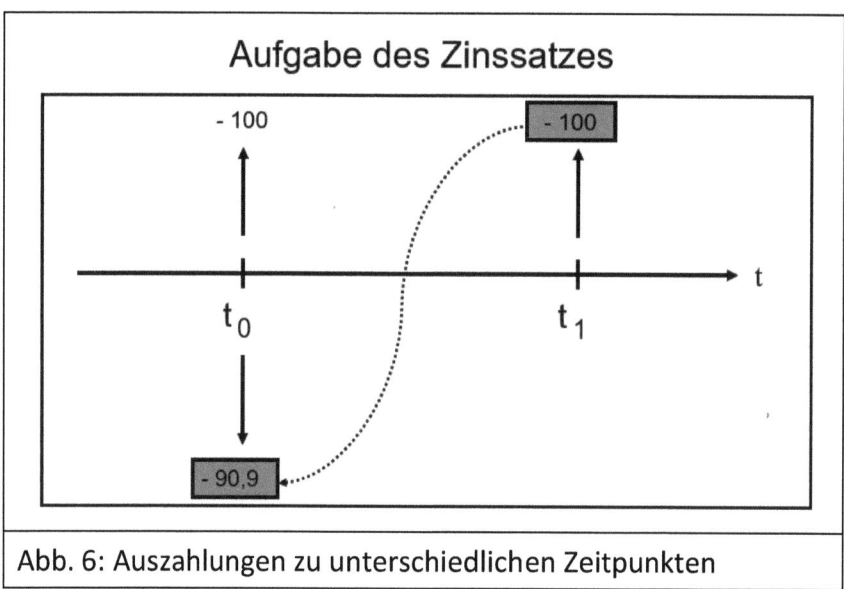

Abb. 6: Auszahlungen zu unterschiedlichen Zeitpunkten

die Zukunft verlagert. Im Folgenden wird der Kalkulationszinssatz stets als vorgegeben und konstant betrachtet. Allerdings erfolgt, sofern erforderlich, eine Umrechnung auf die jeweils festgelegte Zinsperiode.

Im Zusammenhang mit der Zinsrechnung tauchen viele Begriffe auf, die exakt gegeneinander abgegrenzt werden müssen, um ein gemeinsames Grundverständnis herbeizuführen. Als **Zinsperiode** wird dabei der Zeitraum bezeichnet, für den die Zinsen, unabhängig von der konkreten Laufzeit, standardmäßig berechnet und belastet werden. Oft ist dieses (maximal) das (Kalender)-Jahr, weil Banken, Finanzinstitute und Unternehmen längstens für diesen Zeitraum jeweils Rechenschaft über ihren Erfolg (zumindest gegenüber den Finanzbehörden) ablegen müssen. Als **Zinsen** wird das Entgelt bezeichnet, das für die Überlassung von Kapital zu zahlen ist bzw. gezahlt wird. Zinsen können mit einer Zeitangabe versehen werden, wenn sie sich auf bestimmte Zeiträume beziehen. Dann wird von Jahres-, Halbjahres-, Quartals-, Monats- oder Tageszinsen gesprochen. Werden Zinsen ohne expliziten Zeitbezug angegeben, beziehen sie sich oft implizit auf die Dauer des jeweils betrachteten Investitions- oder Finanzierungsprojekts. Als **Zinssatz** wird der Prozentsatz vom Kapital verstanden, welcher für die Überlassung des Kapitals zu entrichten ist. Synonym wird auch von **Zinsfuß** gesprochen. Der Zinssatz wird stets auf einen Zeitraum bezogen, nämlich auf die oben genannte Zinsperiode. Mit einer Zinsperiode von einem Jahr korrespondiert entsprechend ein Jahreszinssatz, mit einer Zinsperiode von einem Monat der Monatszinssatz.

*Umgangssprachlich werden häufig die Begriffe **Prozente** und **Prozentpunkte** nicht trennscharf verwendet. Man stelle sich vor, ein Apotheker kenne den Unterschied nicht und erhöhe in einer Arzneimittellösung eine Substanz um 5%-Punkte, anstatt – wie vom Arzt verordnet – um 5%. Der Patient könnte daran sterben. Eine politische Partei etwa kann den Verlust von 5% der Wählerstimmen im Vergleich zur vorangegangenen Wahl verschmerzen, bei der sie 9% der Wählerstimmen erhielt, ein Verlust von 5%-Punkten würde aber bedeuten, dass sie nicht mehr im Parlament vertreten wäre. Es ist halt einen Unterschied, ob man rechnet $0,09 \cdot 0,95 = 0,0855 = 8,55\%$ oder $0,09 - 0,05 = 0,04 = 4\%$.*

Gegenstand der Finanzmathematik sind Investitions- und Finanzierungsprojekte. Derartige Projekte treten in Unternehmen permanent und in einer Vielzahl auf. Nach dem **ökonomischen Prinzip** (auch *Rationalprinzip* genannt) hat der Unternehmer grundsätzlich die Wahl, bei seiner Entscheidung entweder auf die **Maximum-** oder auf die **Minimumvariante** abzustellen. Entsprechend lautet das Entscheidungskriterium für Investitionen:

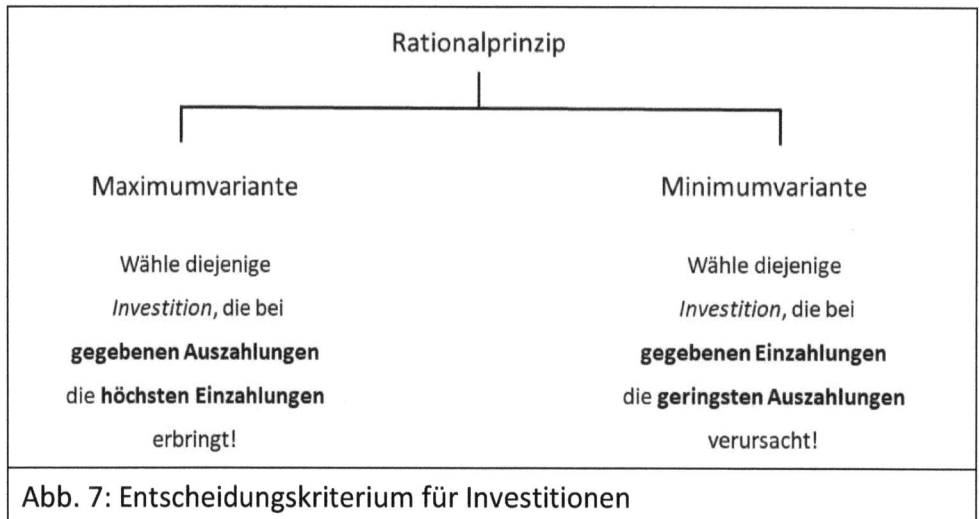

Abb. 7: Entscheidungskriterium für Investitionen

Bei gegebener Anschaffungsauszahlung würde nach der Maximumvariante die Investition gewählt, welche die höchsten Einzahlungsüberschüsse hervorbringt. Bei gegebenen Einzahlungsüberschüssen wäre die Investition zu wählen, welche die geringste Anschaffungsauszahlung aufweist.

Für Finanzierungen lautet das Entscheidungskriterium analog: Wähle etwa den Kredit, der bei gegebener Summe aus Tilgung und Zins den höchsten Kreditbetrag erbringt (Maximumprinzip). Ist die Kredithöhe gegeben, wäre gemäß Minimumprinzip die Alternative zu wählen, welche die geringste Summe an Tilgungs- und Zinszahlungen hervorruft (vgl. Abb. 8).

Im Folgenden wird unterstellt, dass sich die verschiedenen Investitionsprojekte ebenso wie die Finanzierungsmöglichkeiten allein durch ihre jeweiligen monetären Konsequenzen voneinander unterscheiden. Qualitative Aspekte (auch *Imponderabilien* genannt) wie etwa Flexibilität, Abhängigkeit, Haftung etc., die einen Einfluss auf den Vorteilhaftigkeitsvergleich ausüben könnten, werden vernachlässigt.

Des Weiteren wird in diesem Grundlagenwerk davon ausgegangen, dass die in die Rechnung eingehenden Daten mit hinreichender Genauigkeit einwertig prognostiziert werden können und als **(quasi) sicher** in die Rechnung eingehen. Etwaige (mehrwertige) Wahrscheinlichkeitsverteilungen für einzelne Rechengrößen sind nicht vorgesehen.

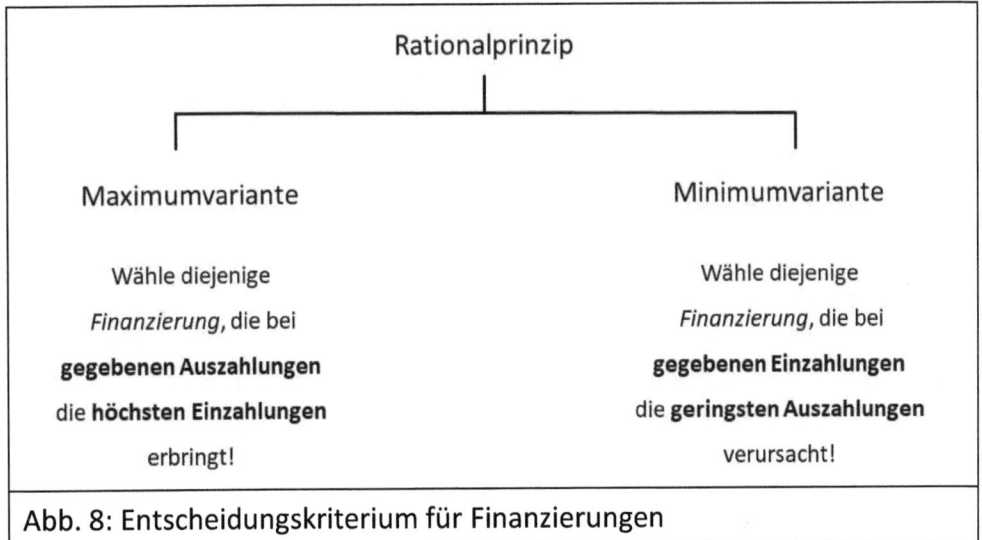

Abb. 8: Entscheidungskriterium für Finanzierungen

Die in der Abbildung dargestellten Elemente:

Rationalprinzip

Maximumvariante

Wähle diejenige
Finanzierung, die bei
gegebenen Auszahlungen
die **höchsten Einzahlungen**
erbringt!

Minimumvariante

Wähle diejenige
Finanzierung, die bei
gegebenen Einzahlungen
die **geringsten Auszahlungen**
verursacht!

2 Folgen- und Reihenrechnung als Basis der Finanzmathematik

2.1 Begriffsdefinitionen und -erläuterungen

Die klassische Finanzmathematik basiert auf den Grundlagen der Folgen- und Reihenrechnung. Unter einer **Folge** ist dabei eine endliche oder unendliche Aneinanderreihung von Zahlen zu verstehen. Allgemein lässt sich eine solche Folge ausdrücken als

$$a_1, a_2, \dots, a_i, \dots, a_{n^*}$$

Symbole:[5]

a_i = i-tes Element der Zahlenfolgen, mit i = 1, ..., n^*

n^* = Anzahl der Elemente der Zahlenfolge

N_1 = Teilmenge (symbolisiert durch „$\subseteq$") der Menge der natürlichen Zahlen

$\mathbb{N}$ = Menge der natürlichen Zahlen

falls $n^* \to \infty$ $\Rightarrow$ unendliche Zahlenfolge

falls $n^* \in N_1 \wedge N_1 \subseteq \mathbb{N}$ $\Rightarrow$ endliche Zahlenfolge,

falls N_1 endlich viele Elemente umfasst

---

[5] Das Symbol n^* wird hier mit einem „*" versehen, weil das später in diesem Werk auftauchende Symbol n (ohne *) – wie in vielen finanzmathematischen Abhandlungen üblich – reserviert ist für die Nutzungsdauer von Investitionen bzw. die Laufzeit von Krediten.

Zahlenfolgen lassen sich entweder **direkt** durch die zugehörigen Einzelelemente oder durch ein spezifisches **Bildungsgesetz** beschreiben, wie folgende Beispiele zeigen:

Direkte Schreibweise: $\{3, 8, 13, 18, 23, ...\}$

mit Hilfe des Bildungsgesetzes: $a_i = a_{i-1} + 5$, mit $a_1 = 3$ für $i = 2, ..., n^*$

Zahlenfolgen können unterschiedliche Verläufe aufweisen. Für praktische Anwendungen interessieren insbesondere Folgen, die durch bestimmte Entwicklungen bzw. Regelmäßigkeiten gekennzeichnet sind. Betrachtet man zwei aufeinanderfolgende Elemente solcher Zahlenfolgen lassen sich diese durch folgende Relationen charakterisieren:

Vorgänger		Nachfolger	Verlauf
a_{i-1}	<	a_i	steigende Folge
a_{i-1}	>	a_i	fallende Folge
a_{i-1}	=	a_i	konstante Folge
$a_{i-1} \cdot a_i$	<	0	alternierende Folge (*Vorzeichenwechsel!*)

Interessieren nicht die einzelnen Elemente einer Folge, sondern ist deren Summe gefragt, wird von einer **Reihe** gesprochen. Anders ausgedrückt bedeutet also der Begriff der Reihe, dass die einzelnen Glieder einer Folge mit einem Additionszeichen verknüpft und so zu einer Summe der Elemente der Folge aggregiert werden.

Allgemein lässt sich demzufolge eine Zahlenreihe wie folgt darstellen:

$$S^* = a_1 + a_2 + \cdots + a_{n^*} = \sum_{i=1}^{n^*} a_i$$

neue Symbole:[6]

S^* = Summe der Elemente einer Zahlenfolge

falls $n^* \to \infty$ $\Rightarrow$ unendliche Zahlenreihe

---

[6]   Das Symbol S^* wird hier mit einem „*" versehen, weil das später in diesem Werk auftauchende Symbol S (ohne *) – wie in vielen finanzmathematischen Abhandlungen üblich – reserviert ist für die (Rest-) Schuldsumme von Krediten.

falls $n^* \in N_1 \wedge N_1 \subseteq \mathbb{N} \Rightarrow$ endliche Zahlenreihe,

falls N_1 endlich viele Elemente umfasst

Aus der Vielzahl möglicher Folgen und Reihen spielen für finanzmathematische Problemstellungen jedoch nur wenige Spielarten eine wichtige Rolle. Mit diesen beschäftigt sich das folgende Kapital.

2.2 Finanzmathematisch relevante Folgen und Reihen

2.2.1 Arithmetische Folgen und Reihen

Die Kennzeichnung einer arithmetischen Folge gelingt am einfachsten mit Hilfe eines Beispiels. Ein Außendienstmitarbeiter möge im ersten Jahr eine Provision von 1.000 € erhalten, die sich dann von Jahr zu Jahr um 100 € erhöht, wie folgende Tabelle veranschaulicht:

Jahr	1	2	3	4	5
Provision	1.000	1.100	1.200	1.300	1.400
Änderung (absolut)		+ 100	+ 100	+ 100	+ 100
Änderung (relativ)		+ 10%	+ 9,09%	+ 8,33%	+ 7,69%
Tab. 1: Beispiel einer arithmetischen Folge					

Wie das Beispiel zeigt, ergibt sich das nachfolgende Element einer arithmetischen Folge, indem zum vorausgehenden Element jeweils ein konstanter Betrag d hinzugerechnet wird. Anders ausgedrückt unterscheiden sich Vorgänger und Nachfolger einer arithmetischen Folge immer um eine konstante Differenz d, hier d = 100.

Entsprechend lautet das **Bildungsgesetz** einer **arithmetischen Folge** allgemein wie folgt:

$$a_i = a_{i-1} + d \qquad \text{oder} \qquad a_i - a_{i-1} = d \qquad\qquad \text{(B.1)}$$

wobei a_1 vorzugeben ist und i = 2, ..., n^*.

Handelt es sich um eine endliche Folge, ist zusätzlich die Anzahl der Elemente n^* vorzugeben. Je nach Ausprägung von d sind zu unterscheiden:

d > 0	steigende arithmetische Folge
d < 0	fallende arithmetische Folge
d = 0	konstante arithmetische Folge

Nach dem allgemeinen Bildungsgesetz ergibt sich etwa das 64. Element der Folge aus dem 63. Element, indem zu letzterem die Differenz d hinzugerechnet wird. Zur Bestimmung des 63. Gliedes müsste wiederum das 62. Element bestimmt werden usw. Da sich diese (rekursive) Vorgehensweise höchst aufwendig darstellt, gilt es, eine einfachere Vorgehensweise zu finden. Fraglich ist demnach, wie sich ein beliebiges Element a_i einer arithmetischen Folge auf einfache Weise bestimmen lässt. Dazu sei die Entwicklung der Einzelglieder betrachtet:

2. Glied:	$a_2 = a_1 + d$	oder	$a_1 + 1 \cdot d$
3. Glied:	$a_3 = a_2 + d = a_1 + d + d =$		$a_1 + 2 \cdot d$
4. Glied:	$a_4 = a_3 + d = a_1 + 2 \cdot d + d =$		$a_1 + 3 \cdot d$
...			
i-tes Glied:	$a_i = a_{i-1} + d =$		$a_1 + (i-1) \cdot d$

Damit ergibt sich das letzte Glied der Folge a_{n^*}:

n^*-tes Glied: $a_{n^*} = a_{n^*-1} + d =$ $a_1 + (n^*-1) \cdot d$ (B.2)

Für das Eingangsbeispiel dieses Kapitels kann die Provision des Mitarbeiters für jedes beliebige Jahr einfach angeben werden. Als Beispiel sei die Provision im 4. Jahr betrachtet. Sie ergibt sich zu:

$a_4 = a_3 + d = 1.200 + 100 = 1.300$ oder   (falls a_3 bekannt ist)

$a_4 = a_1 + (i-1) \cdot d = 1.000 + (4 - 1) \cdot 100 = 1.300$

Interessiert die Summe der Elemente einer arithmetischen Folge, also die arithmetische Reihe, sind die Einzelglieder aufzusummieren gemäß der (Summen-) Formel:

$$S^* = a_1 + a_2 + \cdots + a_{n^*} = \sum_{i=1}^{n^*} a_i$$

Auch dieses stellt sich höchst aufwendig dar, sind doch alle Elemente einzeln in den Rechner einzugeben und aufzuaddieren. Da die Einzelglieder einer arithmetischen Reihe einer Gesetzmäßigkeit folgen, ist zu fragen, ob sich die Summe nicht einfacher bestimmen lässt. Mathematiker haben dazu folgende zweistufige Vorgehensweise vorgeschlagen:

(1) Zunächst wird die Reihe mit Hilfe des allgemeinen Ausdrucks $a_i = a_{i-1} + d$ aufgeschrieben.

(2) Anschließend wird die Reihe noch einmal darunter aufgeschrieben, aber in umgekehrter Reihenfolge und dann zur ersten addiert.[7]

Es ergibt sich:

$$S^* = a_1 \quad + \quad a_1 + d \quad + \quad \ldots \quad + \quad a_1 + (n^*-1) \cdot d$$

$$S^* = a_1 + (n^*-1) \cdot d \quad + \quad a_1 + (n^*-2) \cdot d \quad + \quad \ldots \quad + \quad a_1$$

$$2 \cdot S^* = 2\,a_1 + (n^*-1) \cdot d \quad + 2\,a_1 + (n^*-1) \cdot d \quad + \quad \ldots \quad + \quad 2\,a_1 + (n^*-1) \cdot d$$

$$2 \cdot S^* = n^* \cdot [2\,a_1 + (n^*-1) \cdot d] \qquad \text{(rechte Seite besteht aus n^* Gliedern)}$$

$$S^* = \frac{n^*}{2} \cdot [2\,a_1 + (n^*-1) \cdot d] \qquad \text{(durch ``2'' dividieren)}$$

$$S^* = \frac{n^*}{2} \cdot [a_1 + a_1 + (n^*-1) \cdot d] = \frac{n^*}{2} [a_1 + a_{n^*}] \qquad \text{(aus $2 \cdot a_1$ wird $a_1 + a_1$)}$$

$$S^* = a_1 + a_2 + \ldots + a_{n^*} = \sum_{i=1}^{n^*} a_i = n^* \cdot \frac{a_1 + a_{n^*}}{2} \tag{B.3}$$

Inhaltlich stellt die Summenformel einer arithmetischen Reihe das mathematische Produkt aus durchschnittlichem Wert eines Gliedes der Reihe und der Anzahl der Glieder dar, wie an folgendem einfachen Beispiel demonstriert sei:

Arithmetische Folge: 3, 5, 7, 9, 11, 13
Arithmetische Reihe: 3 + 5 + 7 + 9 + 11 + 13

Das erste und letzte Glied ergeben in der Summe 3 + 13 = 16 [= $a_1 + a_{n^*}$]. Dies gilt auch für das zweite und das zweitletzte Glied: 5 + 11 = 16 bzw. das dritte und das drittletzte: 7 + 9 = 16.

---

[7] Bei der Addition der beiden Gleichungen (Gleichung III = Gleichungen I + II) handelt es sich um eine (zulässige) Lineartransformation, welche die Lösung der Gleichung nicht verändert. Galt vor der Addition etwa 5 = 5, gilt nach der Addition 10 = 10.

Der Durchschnittswert zweier so zusammengefasster Glieder beträgt also stets 16 / 2 = 8 [= $(a_1 + a_{n*})$ / 2].

Die Anzahl der Glieder beläuft sich auf $n^* = 6$, so dass die Summe der Glieder insgesamt 6 · 8 = 48 beträgt.

Für unendliche arithmetische Folgen ($n^* \to \infty$) spielt die Summenformel keine Rolle, denn der Wert der Reihe kann unmittelbar mit $+ \infty$ (für $d \geq 0$) bzw. $- \infty$ (für $d < 0$) angegeben werden.

Bezogen auf das Eingangsbeispiel dieses Kapitels kann die Gesamtprovision des Mitarbeiters über die 5 Jahre entweder umständlich als Summe der Einzelglieder oder kurz mit Hilfe der Formel wie folgt bestimmt werden:

$S^* = a_1 + a_2 + a_3 + a_4 + a_5 = 1.000 + 1.100 + 1.200 + 1.300 + 1.400 = 6.000$ oder

$$S^* = n^* \cdot \frac{a_1 + a_{n^*}}{2} = 5 \cdot \frac{1.000 + 1.400}{2} = 5 \cdot 1.200 = 6.000$$

2.2.2 Geometrische Folgen und Reihen

Auch die Kennzeichnung einer geometrischen Folge sei am Beispiel des obigen Außendienstmitarbeiters vorgenommen. Nunmehr möge der Außendienstmitarbeiter zwar im ersten Jahr ebenfalls eine Provision von 1.000 € erhalten, diese möge sich dann aber von Jahr zu Jahr um 10% erhöhen, wie folgende Tabelle demonstriert:

Jahr	1	2	3	4	5
Provision	1.000	1.100	1.210	1.331	1.464,10
Änderung (absolut)		+ 100	+ 110	+ 121	+ 133,10
Änderung (relativ)		+ 10%	+ 10%	+ 10%	+ 10%
Tab. 2: Beispiel einer geometrischen Folge					

Wie das Beispiel zeigt, ergibt sich das nachfolgende Element einer geometrischen Folge, indem das vorausgehende Element jeweils mit einem konstanten Faktor q^* multipliziert wird. Anders ausgedrückt unterscheiden sich Vorgänger und Nachfolger einer geometrischen Folge immer um einen konstanten Faktor q^*, hier $q^* = 1{,}1$.

Das **Bildungsgesetz** einer **geometrischen Folge** lautet allgemein:

$$a_i = a_{i-1} \cdot q^* \qquad \text{oder} \qquad \frac{a_i}{a_{i-1}} = q^* \hspace{3cm} \text{(B.4)}$$

wobei a_1 vorzugeben ist und $i = 2, ..., n^*$.

Handelt es sich um eine endliche Folge, ist zusätzlich die Anzahl der Elemente n^* vorzugeben. Je nach Ausprägung von q^* sind zu unterscheiden:

$q^* > 1$	steigende geometrische Folge
$0 < q^* < 1$	sinkende geometrische Folge
$q^* < 0$	alternierende geometrische Folge
$q^* = 1$	konstante Folge
$q^* = 0$	Nullfolge

Da die rekursive Vorgehensweise zur Bestimmung eines beliebigen Gliedes a_i der Folge aufwendig wäre, gilt es auch hier, eine einfachere Vorgehensweise zu finden. Dazu sei wiederum die Entwicklung der Einzelglieder betrachtet:

2. Glied:	$a_2 = a_1 \cdot q^*$	oder	$a_1 \cdot q^{*1}$
3. Glied:	$a_3 = a_2 \cdot q^* = a_1 \cdot q^* \cdot q^* =$		$a_1 \cdot q^{*2}$
4. Glied:	$a_4 = a_3 \cdot q^* = a_1 \cdot q^{*2} \cdot q^* =$		$a_1 \cdot q^{*3}$
...			
i-tes Glied:	$a_i = a_{i-1} \cdot q^* =$		$a_1 \cdot q^{*i-1}$

Damit ergibt sich das letzte Glied der Folge a_{n^*}:

n^*-tes Glied:	$a_{n^*} = a_{n^*-1} \cdot q^* =$	$a_1 \cdot q^{*n^*-1}$	(B.5)

Für das Eingangsbeispiel dieses Kapitels kann die Provision des Mitarbeiters für jedes beliebige Jahr analog zu oben angeben werden. Als Beispiel sei die Provision im 4. Jahr betrachtet. Sie ergibt sich zu:

$$a_4 = a_3 \cdot q^* = 1.210 \cdot 1{,}1 = 1.331 \qquad \text{(falls } a_3 \text{ bekannt ist)}$$

$$a_4 = a_1 \cdot q^{*i-1} = 1.000 \cdot 1{,}1^3 = 1.331$$

Interessiert die Summe der Elemente einer geometrischen Folge, also die geometrische Reihe, sind die Einzelglieder aufzusummieren gemäß der (Summen-) Formel:

$$S^* = a_1 + a_2 + \cdots + a_{n^*} = \sum_{i=1}^{n^*} a_i$$

Auch dieses stellt sich analog zu oben höchst aufwendig dar und es ist zu fragen, ob sich die Summe nicht einfacher bestimmen lässt. Jetzt wird eine dreistufige Vorgehensweise empfohlen:

(1) Zunächst wird die Reihe mit Hilfe des allgemeinen Ausdrucks $a_i = a_{i-1} \cdot q^*$ aufgeschrieben.

(2) Danach wird die Gleichung mit dem Faktor q^* multipliziert und dann wird

(3) die Ausgangsgleichung von der mit q* multiplizierten Gleichung abgezogen.

Es ergibt sich:

- Ausgangsgleichung (I)

$$\sum_{i=1}^{n^*} a_i \quad = \quad a_1 + \quad a_1 \cdot q^* + \quad a_1 \cdot q^{*2} + \ldots + \quad a_1 \cdot q^{*n^*-1}$$

- mit q^* multiplizierte Ausgangsgleichung (II)

$$q^* \cdot \sum_{i=1}^{n^*} a_i = \quad\quad a_1 \cdot q^* + \quad a_1 \cdot q^{*2} + \ldots + \quad a_1 \cdot q^{*n^*-1} + a_1 \cdot q^{*n^*}$$

- (II) − (I)

$$q^* \cdot \sum_{i=1}^{n^*} a_i - \sum_{i=1}^{n^*} a_i = -a_1 \qquad\qquad\qquad +a_1 \cdot q^{*n^*}$$

- Ausklammern der Summe (links) und von a_1 (rechts)

$$\sum_{i=1}^{n^*} a_i \cdot (q^* - 1) = a_1 \cdot (q^{*n^*} - 1)$$

$$\sum_{i=1}^{n^*} a_i \quad = \quad a_1 \cdot \frac{q^{*n^*} - 1}{q^* - 1}$$

$$S^* \quad = \quad a_1 \cdot \frac{q^{*n^*} - 1}{q^* - 1} \qquad\qquad\qquad\qquad (B.6)$$

Bezogen auf das Eingangsbeispiel kann die Gesamtprovision des Mitarbeiters über die 5 Jahre entweder umständlich als Summe der Einzelglieder oder kurz mit Hilfe der Summenformel wie folgt bestimmt werden:

$S^* = a_1 + a_2 + a_3 + a_4 + a_5 = 1.000 + 1.100 + 1.210 + 1.331 + 1.464{,}10 = 6.105{,}10$

oder

$$S^* = a_1 \cdot \frac{q^{*n^*} - 1}{q^* - 1} = 1.000 \cdot \frac{1{,}1^5 - 1}{1{,}1 - 1} = 6.105{,}10$$

2.3 Abschreibungen als Anwendungsbeispiel der Folgen- und Reihenrechnung

2.3.1 Begriff, Funktionen und Arten von Abschreibungen

Maschinen und andere langlebige, abnutzbare Wirtschaftsgüter verlieren durch **Zeit- und Gebrauchsverschleiß,** durch **technischen Fortschritt** oder durch **wirtschaftliche Überholung** im Zeitablauf an Wert. Um nicht die Periode mit der gesamten Anschaffungsauszahlung zu belasten, in der das Wirtschaftsgut erworben wurde, wird der Wertverlust rechnerisch auf die Perioden der Nutzung verteilt. Nur so lässt sich die im Rechnungswesen einerseits angestrebte Periodenvergleichbarkeit im Sinne der **periodengerechten Erfolgsermittlung** herstellen als auch andererseits ein **richtiger Vermögensausweis** des Unternehmens am Jahresende bewirken.

Der geschilderte bewertete Verbrauch des Wirtschaftsgutes wird als Abschreibung bezeichnet. Der Faktorverzehr soll verursachungsgerecht oder zumindest planmäßig auf die Nutzungsdauer des Wirtschaftsgutes verteilt werden. Abschreibungen werden sowohl im externen, d.h. offiziellen, als auch im internen Rechnungswesen, d.h. in der Kosten- und Leistungsrechnung, angesetzt. Während es für die Bemessung von Abschreibungen im **externen Rechnungswesen** (Finanzbuchführung) verschiedene **gesetzliche Bestimmungen** einzuhalten gilt, können sie im **internen Rechnungswesen** (Betriebsbuchführung) **nach Zweckmäßigkeitsgesichtspunkten** ermittelt werden. Letztere werden auch als kalkulatorische Abschreibungen bezeichnet. Sie werden oft auf der Basis von Wiederbeschaffungswerten berechnet, um am Ende der Nutzungsdauer trotz Preissteigerungen über Mittel zu verfügen, die eine Wiederbeschaffung möglich machen. Dies ist im externen Rechnungswesen nicht gestattet. Vielmehr müssen die sogenannten bilanziellen Abschreibungen der

Finanzbuchhaltung aus den tatsächlich angefallenen Anschaffungs- oder Herstellungskosten (kurz AK/HK) des Wirtschaftsgutes abgeleitet werden.

Neben dem Abschreibungsausgangsbetrag (historische Anschaffungs- bzw. Herstellungskosten versus Wiederbeschaffungswerte) sowie der geplanten (im externen Rechnungswesen vorsichtig geschätzten) Nutzungsdauer eines Wirtschaftsgutes muss schließlich auch noch die Abschreibungsmethode festgelegt werden. Zur Demonstration der Abschreibungen als Anwendungsbeispiel der Folgen- und Reihenrechnung seien folgende Abschreibungsmethoden betrachtet:

- Lineare Abschreibung
- Arithmetisch-degressive Abschreibung
- Geometrisch-degressive Abschreibung

2.3.2 Abschreibungsmethoden

2.3.2.1 Lineare Abschreibung

Wird von der Prämisse ausgegangen, dass der Faktorverzehr eines Investitionsobjektes (z.B. einer Maschine) von Jahr zu Jahr konstant ist, lässt sich die Wertentwicklung dieses Objektes mit Hilfe einer linearen, d.h. kalenderzeitabhängigen Abschreibung abbilden. Diese Form der Abschreibung führt zu einer gleichmäßigen Verteilung des Werteverlustes über die Nutzungsdauer.

Der Abschreibungsbetrag A_t in der Periode t ergibt sich durch Division des Abschreibungsausgangsbetrages AB durch die Nutzungsdauer η:

$$A_t = \frac{AB}{\eta}, \text{ wobei } A_t = A = \text{konstant} \qquad (B.7)$$

neue Symbole:

A_t = Abschreibungsbetrag der Periode t

AB = Abschreibungsausgangsbetrag (AK/HK bzw. Wiederbeschaffungswert)

η = Nutzungsdauer

Tritt am Ende der Nutzungsdauer ein Liquidations(netto)erlös (L_η) auf, ist dieser vom Abschreibungsausgangsbetrag zu subtrahieren, da der Werteverzehr dann entsprechend geringer ausfällt.

$$A_t = \frac{AB - L_\eta}{\eta} \qquad (B.8)$$

Der Liquidationsnettoerlös ergibt sich als Differenz zwischen dem Verkaufs- oder Schrottpreis bei Abgang der Maschine und den Auszahlungen, die dabei etwa für Entsorgung, Demontage oder Transport anfallen.

Werden die Abschreibungen gemäß Formel (B.8) bestimmt, tritt am Ende der Nutzungsdauer ein Restbuchwert in Höhe des Liquidationsnettoerlöses auf.

Beispiel:	Anschaffungsauszahlung (a_0) = 120.000
	Nutzungsdauer = 5 Jahre
	Liquidationsnettoerlös = 20.000

Bei einer Jahresabschreibung in Höhe von

$$A_t = \frac{120.000 - 20.000}{5} = 20.000$$

entwickeln sich Rest-Buchwert und kumulierte Abschreibungen wie folgt:

t		Abschreibungen	kumulierte Abschreibungen	Rest-Buchwert
0	a_0	-	-	120.000,-
1	A_1	20.000,-	20.000,-	100.000,-
2	A_2	20.000,-	40.000,-	80.000,-
3	A_3	20.000,-	60.000,-	60.000,-
4	A_4	20.000,-	80.000,-	40.000,-
5	A_5	20.000,-	100.000,-	20.000,-

Tab. 3: Beispiel zur linearen Abschreibung

Der Rest-Buchwert am Ende der 5. Periode entspricht dem Liquidationsnettoerlös. Die kumulierten Abschreibungen ergeben zusammen mit dem Rest-Buchwert der Periode immer genau den Abschreibungsausgangsbetrag.

Die Rest-Buchwerte können als Glieder einer sinkenden arithmetischen Folge mit a_1 = 120.000 und d = -20.000 aufgefasst werden. Die kumulierten Abschreibungen stellen eine steigende arithmetische Folge dar, mit a_1 = 20.000

und d = 20.000. Die Jahresabschreibungen können als konstante (arithmetische) Folge interpretiert werden, mit a_1 = 20.000 und d = 0.

2.3.2.2 Arithmetisch-degressive Abschreibung

Wird unterstellt, dass der Faktorverzehr eines Investitionsobjektes im Zeitablauf erstens geringer wird, wie es etwa auf dem Markt für gebrauchte Kfz zu beobachten ist, und dass zweitens die Differenz zwischen den jährlichen Wertverlusten in konstanten Raten abnimmt, lässt sich die Wertentwicklung mit Hilfe einer arithmetisch-degressiven Abschreibung erfassen.

In der Praxis findet sich die arithmetisch-degressive Abschreibung häufig in der Spezialform der sogenannten **digitalen Abschreibung** realisiert. Bei dieser Variante entspricht die Differenz der jährlichen Abschreibungswerte D genau der letzten Abschreibungsrate A_η im Jahr η. Dazu folgendes Beispiel:

Beispiel:	Anschaffungsauszahlung = 100.000
	Nutzungsdauer = 4 Jahre
	Liquidationsnettoerlös = 20.000
	letzte Abschreibungsrate A_η = D = 8.000

Aus diesen Daten ergibt sich ein Verlauf der digitalen Abschreibung gemäß Tab. 4. Die Abschreibungen können als Glieder einer sinkenden arithmetischen Folge mit a_1 = 32.000 und d = -8.000 aufgefasst werden. Sowohl die kumulierten Abschreibungen als auch die Rest-Buchwerte folgen keiner der hier betrachteten Gesetzmäßigkeiten.

t		Abschreibungen	kumulierte Abschreibungen	Rest-Buchwert
0	a_0	-	-	100.000,-
1	A_1	32.000,-	32.000,-	68.000,-
2	A_2	24.000,-	56.000,-	44.000,-
3	A_3	16.000,-	72.000,-	28.000,-
4	A_4	8.000,-	80.000,-	20.000,-

Tab. 4: Beispiel zur digitalen Abschreibung

Fraglich ist, wie sich die Abschreibungsdifferenz D bzw. die letzte Abschreibungsrate A_n bestimmen lässt, so dass sich am Ende der Nutzungsdauer als Rest-Buchwert genau der Liquidationsnettoerlös einstellt.

Dazu sei zunächst der Verlauf der Abschreibungsraten retrograd betrachtet:

$$A_n = D$$
$$A_{n-1} = D \quad + \quad D \quad = \quad 2 \cdot D$$
$$A_{n-2} = 2 \cdot D \quad + \quad D \quad = \quad 3 \cdot D$$
...
$$A_2 = (n-2) \cdot D \quad + \quad D \quad = \quad (n-1) \cdot D$$
$$A_1 = (n-1) \cdot D \quad + \quad D \quad = \quad n \cdot D$$

Zur Ermittlung von D wird analog zu Abschnitt B.2.2.1 vorgegangen:

(1) Zunächst wird die Reihe mit Hilfe des allgemeinen Ausdrucks aufgeschrieben.

(2) Anschließend wird die Reihe noch einmal darunter aufgeschrieben, aber in umgekehrter Reihenfolge.

Es ergibt sich:

$$S = n \cdot D + (n-1) \cdot D + (n-2) \cdot D + ... + 2 \cdot D + D$$
$$S = D + 2 \cdot D + 3 \cdot D + ... + (n-1) \cdot D + n \cdot D$$

$$2 \cdot S = (n+1) \cdot D + (n+1) \cdot D + (n+1) \cdot D + ... + (n+1) \cdot D + (n+1) \cdot D$$

$$2 \cdot S = n \cdot (n+1) \cdot D$$

$$D = \frac{2}{n \cdot [n+1]} \cdot S$$

$$D = \frac{2 \cdot S}{n \cdot [n+1]} = A_n \qquad \text{(B.9)}$$

$$D = \frac{2 \cdot 80.000}{4 \cdot [4+1]} = 8.000$$

Auch wenn in der Praxis die digitale Abschreibung vorherrscht, ist eine Gleichsetzung dieser Spezialform mit der übergeordneten arithmetisch-degressiven Abschreibung nicht angebracht. Inhaltliche Unterschiede sollten auch sprachlich exakt zum Ausdruck gebracht werden. Zur Verdeutlichung der Gemeinsamkeiten bzw. Unterschiede sei auf Abb. 9 verwiesen. Die Abbildung zeigt, dass die digitale Abschreibung nur eine Teilmenge und damit nur ein Spezial-fall der arithmetisch-degressiven Abschreibung darstellt. Eine einfache Gleichsetzung beider Formen erscheint deshalb nicht akzeptabel.

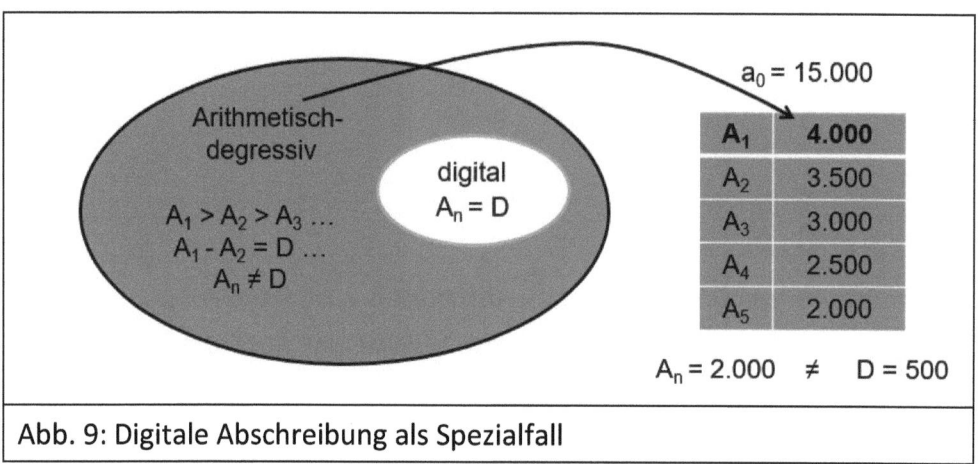

Abb. 9: Digitale Abschreibung als Spezialfall

2.3.2.3 Geometrisch-degressive Abschreibung

Ist davon auszugehen, dass der Faktorverzehr eines Investitionsobjektes im Zeitablauf abnimmt, und zwar in konstanten Raten vom Rest-Buchwert, lässt sich die Wertentwicklung mit Hilfe einer geometrisch-degressiven Abschrei-bung abbilden. Bei dieser Methode wird so vorgegangen, dass jeweils ein be-stimmter Prozentsatz p vom Rest-Buchwert der Vorperiode abgeschrieben wird. Da letzterer im Zeitablauf durch die Abschreibung abnimmt, reduzieren sich sukzessive auch die jährlichen Abschreibungsbeträge.

Wird eine Jahresabschreibung mit einem festen Prozentsatz vom jeweiligen Rest-Buchwert vorgenommen, ist eine Abschreibung auf null nicht möglich, da der Rest-Buchwert stets nur um einen bestimmten Prozentsatz gekürzt wird. Nur im Falle eines positiven Liquidationserlöses lässt sich das Problem beheben. Es muss dann der Abschreibungsprozentsatz p ermittelt werden, der bei geometrisch-degressiver Abschreibung über η Jahre, ausgehend von der Anschaffungsauszahlung, zum Liquidationsnettoerlös führt. Zur Bestim-mung dieses Prozentsatzes sei die Entwicklung des Rest-Buchwertes im Zeit-ablauf betrachtet. Die Entwicklung zeigt folgende Tabelle:

| | Anschaffungsauszahlung | a_0 |
| - | Abschreibung A_1 | $- p \cdot a_0$ |

| = | RBW_1 | $a_0 - p \cdot a_0 = (1-p) \cdot a_0$ |
| - | Abschreibung A_2 $[= p \cdot RBW_1]$ | $- p (1-p) \cdot a_0$ |

=	RBW_2	$(1-p) \cdot a_0 - p (1-p) \cdot a_0$
		$= (1-p) \cdot [a_0 - p \cdot a_0]$
		$= (1-p) \cdot [a_0 \cdot (1-p)]$
		$RBW_2 = (1-p)^2 \cdot a_0$

Allgemein gilt damit: $RBW_t = (1-p)^t \cdot a_0$

Für $t = n$ gilt: $\qquad RBW_n = (1-p)^n \cdot a_0$ $\hfill$ (B.10)

Zur inhaltlichen Interpretation und damit zur Förderung des Verständnisses von Formeln sei geraten, diese auch für die Extremfälle zu betrachten. So muss die soeben abgeleitete Formel auch für t = 0 gelten, da sie ohne entsprechende Einschränkung angegeben ist. Dann ergibt sich: $RBW_{t=0} = (1-p)^0 \cdot a_0 = a_0$, d.h. der Rest-Buchwert entspricht in t = 0 der Anschaffungsauszahlung. Für t = 1 und p = 30% folgt: $RBW_{t=1} = (1-p)^1 \cdot a_0 = 0{,}7 \cdot a_0$, d.h. nach einem Jahr beträgt der Restwert bei einer Abschreibung von 30% noch 70%. Nach zwei Jahren müssten das noch 49% sein, denn 70% · 70% ergibt 49%. Dies zeigt auch die Formel: $RBW_{t=2} = (1-0{,}3)^2 \cdot a_0 = 0{,}49 \cdot a_0$.

Obige Formel ist nach p aufzulösen:

$$p = 1 - \sqrt[n]{\frac{RBW_n}{a_0}} \hfill (B.11)$$

Zur Verdeutlichung der Methode sei folgendes Beispiel herangezogen:

Beispiel:	Anschaffungsauszahlung = 120.000
	Nutzungsdauer = 5 Jahre
	Liquidationsnettoerlös = 20.000

Bei dieser Datenkonstellation ergibt sich der Abschreibungsprozentsatz p zu:

$$p = 1 - \sqrt[5]{\frac{20.000}{120.000}} = 0,3011728881 = 30,11...\%$$

und ein Verlauf der Abschreibungen und des Rest-Buchwertes gemäß Tab. 5. Die Abschreibungen (siehe unten) sind Elemente einer geometrischen Folge mit $a_1 = 36.140,75$ und $q^* = 0,6988$. Auch die Rest-Buchwerte sind Elemente einer geometrischen Folge, und zwar mit $a_1 = 120.000$ und $q^* = 0,6988$.

t		Abschreibungen	Kumulierte Abschreibungen	Rest-Buchwert
0	a_0	-	-	120.000,00
1	A_1	36.140,75	36.140,75	83.859,25
2	A_2	25.256,13	61.396,88	58.603,12
3	A_3	17.649,67	79.046,55	40.953,45
4	A_4	12.334,07	91.380,62	28.619,38
5	A_5	8.619,38	100.000,00	20.000,00

Tab. 5: Beispiel zur geometrisch-degressiven Abschreibung

Die geometrisch-degressive Abschreibung ist in der Praxis sehr beliebt. Zum einen führt sie in den ersten Jahren zu vergleichsweise hohen Abschreibungen, damit geringeren Gewinnen und so zu weniger Steuerzahlungen und Ausschüttungen. Zum andern führt sie zu einer gleichmäßigeren Periodenbelastung, wenn man dem Gedanken SCHMALENBACHS folgt:[8] Zwar sind in den ersten Jahren die Abschreibungen hoch und werden in späteren Jahren immer geringer. Dieser Entwicklung der Abschreibungen steht jedoch die Entwicklung der Wartungs-, Instandhaltungs- und Reparaturaufwendungen diametral gegenüber, die in den ersten Jahren der Maschinennutzung gering sind, mit zunehmendem Maschinenalter aber sukzessiv steigen, so dass sich eine gleichmäßige(re) Periodenbelastung ergibt.

---

[8]   Vgl. Schmalenbach (1908/9), S. 83 f.

3 Rechnen mit Logarithmen

3.1 Finanzmathematisch relevante Logarithmen

Zum Abschluss des Grundlagenkapitels sei zur Wiederholung des Mathematikstoffes aus der Schule noch einmal kurz auf die Logarithmenrechnung eingegangen, weil diese in der Finanzmathematik bei einigen Anwendungen eine besondere Rolle spielt, etwa wenn es darum geht, den **Exponenten**, d.h. die Hochzahl eines mathematischen Ausdrucks, zu bestimmen. In der Finanzmathematik ist dieses häufig eine Zeitgröße, z.B. die **Nutzungsdauer einer Investition** oder die **Laufzeit einer Finanzanlage** bzw. eines Kredits.

Wird bei der Exponentialfunktion $\quad\quad x = a^y$, mit a > 0 $\quad\quad$ (B.12)

der Exponent y gesucht, kann dieses durch Logarithmieren bewerkstelligt werden. Löst man die Exponentialfunktion nach y auf, ergibt sich

$$y = log_a x \quad\quad\quad \textit{(gesprochen: Logarithmus x zur Basis a)}$$

Für das Rechnen mit Logarithmen lassen sich folgende fünf wichtige **Eigenschaften** nutzen:

(1) $log_a a = 1$

(2) $log_a 1 = 0$

(3) $log_a (U \cdot V) = log_a U + log_a V$

(4) $log_a \frac{U}{V} = log_a U - log_a V$

(5) $log_a U^V = V \cdot log_a U$

Vor allem die letzten drei Eigenschaften sind von Bedeutung, denn sie zeigen, dass durch das Logarithmieren ein mathematischer Ausdruck vereinfacht werden kann. So wird gemäß (3) aus einem Produkt eine Summe, gemäß (4) aus einem Quotienten eine Differenz und gemäß (5) aus einem Exponentialausdruck ein mathematisches Produkt. Sind Variablen multiplikativ ($x_1 \cdot x_2$) oder als Quotient (x_1 / x_2) miteinander verknüpft, bzw. ist der Exponent einer Variablen nicht gleich „1" (x^n, mit n ≠ 1), handelt es sich um nicht-lineare Ausdrücke, die mathematisch schwieriger zu handhaben sind als lineare Strukturen. Entsprechend den Logarithmeneigenschaften (3) bis (5) lassen sich nicht-lineare Funktionen in lineare Strukturen überführen (linearisieren) und damit einfacher lösen.

Logarithmen können zu jeder beliebigen Basis a (mit a ∈ ℝ, und a > 0) gebildet werden. Gebräuchlich sind vor allem der Zehnerlogarithmus, auch **dekadischer Logarithmus** genannt, mit der Basis a = 10, sowie der **natürliche Logarithmus**, mit der Eulerschen Zahl e = 2,71828... als Basis. In Kurzschreibweise wird der Logarithmus allgemein abgekürzt mit dem Ausdruck „log". Ist der Zehnerlogarithmus gemeint, wird dieser mit „lg" abgekürzt, wohingegen der natürliche Logarithmus unter der Abkürzung „ln" zu finden ist.

3.2   Anwendungsbeispiele

In der Finanzmathematik wird die Logarithmenrechnung zunächst einmal für stetige Verzinsungsprozesse benötigt. Da solche Prozesse – wie zu Beginn des Grundlagenteils bereits erläutert – grundsätzlich nur in der Theorie betrachtet werden, spielt die Logarithmenrechnung für praktische finanzmathematische Fragestellungen eine untergeordnete Rolle. Allerdings wird sie auch hier gebraucht, nämlich zur Bestimmung des Exponenten, wenn es darum geht, die Dauer bestimmter Zeiträume zu ermitteln. Dazu folgendes Beispiel:

Beispiel:
Ein Kapitel von 10.000 € wird jeweils am Jahresende mit 6% per annum (p.a.) verzinst. Wann übersteigt der Kontostand erstmalig die Grenze von 15.000 €?

Wenn sich das Kapitel jährlich zu 6% verzinst, entwickelt sich der Kontostand in Abhängigkeit von der Laufzeit wie folgt:

$$10.000 \cdot 1{,}06^t \geq 15.000$$

Durch Logarithmieren mit dem dekadischen Logarithmus erhält man

$$\lg 10.000 + t \cdot \lg 1{,}06 \geq \lg 15.000$$

Wird die Gleichung nach t umgestellt, ergibt sich

$$t \geq \frac{\lg 15.000 - \lg 10.000}{\lg 1{,}06}$$

und daraus $t \geq 6{,}9585$

Antwort: Das Konto übersteigt nach rund 7 Jahren die Grenze von 15.000 €.

4 Übungen zu den finanzmathematischen Grundlagen

4.1 Fragen

Zum besseren Verständnis der finanzmathematischen Grundlagen beantworten Sie bitte folgende Fragen:

1) Mit welchen Rechengrößen beschäftigt sich die Finanzmathematik? (*Lösung S. 11 f.*)

2) Was wird in der Finanzwelt unter dem Begriff *Wertstellung* verstanden? (*S. 12*)

3) Durch welchen Vorgang wird eine Kapitalbindung, durch welchen eine -freisetzung bewirkt? (*S. 12*)

4) Was versteht man unter einer Finanzierungs-, was unter einer Investitionsmaßnahme? (*S. 13*)

5) Wodurch unterscheiden sich Investitionen von Finanzierungen? (*S. 13 f.*)

6) Wie kann man den unterschiedlichen zeitlichen Anfall von Zahlungen in der Finanzmathematik berücksichtigen? (*S. 16 f.*)

7) Wie lässt (vergleichsweise einfach) der Kalkulationszinsfuß bestimmen? (*S. 16*)

8) Wie lautet das Entscheidungskriterium für die Vorteilhaftigkeit von Investitionen bzw. Finanzierungen? (*S. 19 f.*)

9) Wie lässt sich das Datenmaterial der Rechnung bestimmen? (*S. 15 f.*)

10) Wie beurteilen Sie die Abbildungsqualität traditioneller finanzmathematischer Rechnungen? (*S. 15 f.*)

11) Definieren Sie die Begriffe *Zinsperiode*, *Zinsen* sowie *Zinssatz*! (*S. 18*)

12) Was versteht man unter einer *Zahlenfolge* bzw. *–reihe*? (*S. 20 f.*)

13) Betrachten Sie zwei beliebige, aufeinander folgende Elemente einer Zahlenfolge. Charakterisieren Sie anhand dieser Elemente verschiedene Arten von Folgen! (*S. 21*)

14) Wie lautet das Bildungsgesetz einer arithmetischen (geometrischen) Zahlenfolge? (*S. 22, 26*)

15) Welche Arten von arithmetischen (geometrischen) Folgen lassen sich unterscheiden? (*S. 23, 26*)

16) Von welchen Einflussgrößen hängt der Werteverlust langlebiger Wirtschaftsgüter ab? (*S. 28*)

17) Erläutern Sie die Zwecke der Verrechnung von Abschreibungen! (*S. 28*)

18) Welche grundlegenden Unterschiede bestehen bezüglich der Abschreibungen im externen bzw. internen Rechnungswesen? (*S. 28 f.*)

4.2 Aufgaben

Aufgabe 1

Ein Angestellter erhält ein Jahresgehalt von 60.000 €. Im Arbeitsvertrag ist festgelegt, dass sein Gehalt jährlich um 2.000 € steigen soll. a) Wie hoch ist das Jahresgehalt nach 8 Jahren? b) Wie viel Gehalt hat der Angestellte nach 8 Jahren insgesamt bezogen?

Aufgabe 2

Der Mitarbeiter Hubert Schauvoraus erhält im 1. Jahr seiner Tätigkeit bei der SCHÖNE WOLKEN-AG eine Prämie von 1.000 €. Sie erhöht sich innerhalb der nächsten 4 Jahre um jährlich 300 €. Wie viel Prämien hat er innerhalb der 5 Jahre dann insgesamt erhalten?

Aufgabe 3

Die Ermittlung einer arithmetischen Reihe anhand der Einzelglieder der Reihe ist äußerst aufwendig. Entwickeln Sie eine Summenformel für eine arithmetische Reihe, die lediglich die Kenntnis des Anfangs- und Endgliedes sowie die Anzahl der Elemente der Reihe voraussetzt! Beschreiben Sie Ihre Vorgehensweise und interpretieren Sie die Formel! (*Lösung S. 24*)

Aufgabe 4

Ein Angestellter erhält ein Jahresgehalt von 60.000 €. Im Arbeitsvertrag ist festgelegt, dass sein Gehalt jährlich um 5% steigen soll. a) Wie hoch ist das Jahresgehalt nach 8 Jahren? b) Wie viel Gehalt hat der Angestellte nach 8 Jahren insgesamt bezogen?

Aufgabe 5

Der Umsatz eines Fahrradherstellers betrage im laufenden Jahr 1.000.000 €. Der Hersteller strebt eine jährliche Wachstumsrate des Umsatzes in Höhe von 8% an. a) Wie hoch ist der Jahresumsatz nach 10 Jahren? b) Wie hoch ist der Gesamtumsatz nach 10 Jahren?

Aufgabe 6

Die Ermittlung einer geometrischen Reihe anhand der Einzelglieder der Reihe ist äußerst aufwendig. Entwickeln Sie eine Summenformel für eine geometrische Reihe, die lediglich die Kenntnis des Anfangs- und Endgliedes sowie die Anzahl der Elemente der Reihe und den Quotienten zweier aufeinander folgende Elemente voraussetzt! Beschreiben Sie Ihre Vorgehensweise! (*S. 27 f.*)

Aufgabe 7

Eine Maschine wird zum Preis von 850.000 € angeschafft. In 5 Jahren soll sie linear auf einen Restwert von 50.000 € abgeschrieben werden. Erstellen Sie einen Abschreibungsplan.

Aufgabe 8

Die am 01.01.20xx angeschaffte CNC-Maschine, mit einem Anschaffungswert i.H.v. 120.000 €, wird jährlich mit einem Betrag von 15.000 € linear abgeschrieben. Ein Liquidationserlös am Ende der Nutzungsdauer ist nicht zu erwarten. Zeigen Sie anhand eines Abschreibungsplanes, wie lange die CNC-Maschine betrieblich genutzt werden soll?

Aufgabe 9

Vor 9 Jahren hat die RB-GmbH eine Maschine angeschafft. Die GmbH konnte jetzt, nach Ablauf der geplanten Nutzungsdauer, die Maschine zu dem damals angenommenen Preis an die H-GbR weiterverkaufen. Der jährliche lineare Abschreibungsbetrag belief sich während der Nutzung auf 6.300 €. Leider wurden vor kurzem die Unterlagen zu dieser Maschine vernichtet. Der Vorstand würde jedoch gerne wissen, wie hoch der Anschaffungspreis zum damaligen Zeitpunkt gewesen ist, um so eine Vergleichsmöglichkeit für die Wiederbeschaffung einer ähnlichen Maschine zu haben. Der Vorstand beauftragt Sie nun, den historischen Anschaffungspreis zu ermitteln.

Aufgabe 10

Wie sieht der Abschreibungsplan aus, falls die Maschinen aus Aufgabe 7 digital in 4 Jahren abgeschrieben wird?

Aufgabe 11

Wie lange wird die CNC-Maschine aus Aufgabe 8 genutzt, wenn die letzte Abschreibungsrate 8.000 € beträgt und digital abgeschrieben werden soll? Veranschaulichen Sie ihr Ergebnis mit einem Abschreibungsplan.

Aufgabe 12

Eine Maschine wurde für 25.000 € angeschafft. Nach 5 Jahren der Nutzung wird ein Liquidationserlös i.H.v. 1.250 € erwartet. Darüber hinaus entstehen Demontagekosten von 575 €. Die Abschreibung der Maschine soll digital erfolgen. Bestimmen Sie die letzte Abschreibungsrate und stellen Sie den Abschreibungsplan auf.

Aufgabe 13

Wie sehen die Abschreibungsraten aus, wenn die Maschine aus Aufgabe 7 geometrisch-degressiv in 5 Jahren auf den Restwert abgeschrieben werden soll?

Aufgabe 14

Welchen Restbuchwert besitzt die CNC-Maschine aus Aufgabe 8 am Ende des fünften Jahres der Nutzung, wenn diese geometrisch mit 30% über 9 Jahre abgeschrieben wird? Am Ende der Nutzungsdauer wird ein Liquidationsnettoerlös i.H.v. 4.842,43 € (zuzüglich Umsatzsteuer von 19%) erwartet. Stellen Sie bitte einen Abschreibungsplan zur Verdeutlichung Ihrer Antwort auf.

C ZINSRECHNUNGEN

1 Systematisierung der verschiedenen Verzinsungsmethoden

Der Zins als Preis für die Überlassung von Geld kann höchst unterschiedlich berechnet werden, so dass eine **Systematisierung** der wichtigsten **Zinsberechnungsmethoden** notwendig erscheint. Zur Systematisierung lassen sich drei wichtige Merkmale mit jeweils unterschiedlichen Merkmalsausprägungen unterscheiden:

(1) Zeitraum der Verzinsung

(2) Behandlung der berechneten Zinsen

(3) Zeitpunkt der Zinsfälligkeit

Ad (1):   Nach dem **Zeitraum**, für den die Zinsen regelmäßig berechnet werden, die sogenannte **Zinsperiode**, unterscheidet man[9]

- **jährliche Verzinsung**
  Die Zinsen werden genau einmal im Jahr belastet bzw. vergütet. Die Zinsperiode erstreckt sich über genau ein Jahr.

- **unterjährige Verzinsung**
  Die Zinsen werden mehrmals pro Jahr belastet bzw. vergütet, z.B. halbjährlich, quartalsweise, monatlich oder sogar täglich. Die Zinsperiode erstreckt sich über weniger als ein Jahr, also etwa über ein Halbjahr, ein Quartal, einen Monat oder einen Tag.

- **stetige Verzinsung**
  Die stetige Verzinsung kann als Unterfall der unterjährigen Verzinsung betrachtet werden. Danach verzinst sich das Kapital in jeden Moment. Entsprechend ist die Zinsperiode unendlich kurz.

Die Anzahl der Verzinsungsvorgänge und die Dauer der Zinsperiode verhalten sich jeweils reziprok:

---

[9]   Bei dieser Unterscheidung spielt die Laufzeit der Kapitalanlage keine Rolle. Es geht ausschließlich darum, für welchen Zeitraum die Zinsen berechnet werden. Bei jährlicher Verzinsung etwa kann die Laufzeit der Anlage durchaus unter einem Jahr liegen. Ist das der Fall, so würden die anfallenden Zinsen als (proportionaler) Anteil am Jahreszins bestimmt.

- **jährliche Verzinsung**
  Anzahl der Verzinsungsvorgänge pro Jahr: 1
  Dauer der Zinsperiode: 1 Jahr

- **unterjährige Verzinsung**

Verzinsung	Anzahl Verzinsungen pro Jahr	Dauer der Zinsperiode
halbjährlich	2	½ Jahr
quartalsweise	4	¼ Jahr
monatlich	12	1 Monat ($^1/_{12}$ Jahr)
täglich	365	1 Tag ($^1/_{365}$ Jahr)

Tab. 6: Unterjährige Verzinsungsarten

- **stetige Verzinsung**
  Anzahl der Verzinsungsvorgänge pro Jahr: $\rightarrow \infty$
  Dauer der Zinsperiode: $\rightarrow 0$

Ad (2): Nach der **Behandlung der** berechneten **Zinsen** unterscheidet man, je nachdem ob die berechneten Zinsen ihrerseits zu weiteren Zinsen führen, zwischen

- **einfachen Zinsen**
  Die in der Vorperiode berechneten Zinsen werden bei der Ermittlung der Zinsen für die betrachtete Zinsperiode nicht mitverzinst. Anschaulich kann man sich die Situation so vorstellen, dass das ursprünglich angelegte Kapital von Zinsperiode zu Zinsperiode verzinst wird, die Zinsen allerdings jeweils auf ein separates Konto gebucht werden, das sich nicht verzinst. Diese Art der Zinsbehandlung ist zwischen Privatleuten die einzig zulässige Variante. Nach der Rechtsquelle (§ 248 I BGB [Bürgerliches Gesetzbuch]) wird sie auch als **bürgerliche Verzinsung** bezeichnet. Danach ist eine „im Voraus getroffene Vereinbarung, dass fällige Zinsen wieder Zinsen tragen sollen, .. nichtig".

- **Zinseszinsen**

  Werden die ermittelten Zinsen der Vorperiode in der betrachteten Zinsperiode verzinst, d.h. werden Zinsen auf Zinsen vergütet, spricht man von Zinseszinsen. Da Sparkassen, Kreditanstalten und Inhaber von Bankgeschäften gemäß § 248 II BGB so verfahren dürfen, stellt diese Vorgehensweise den **Standardfall** in der Finanzwelt dar, zumal nach § 355 I HGB auch Kaufleute untereinander Zinseszinsen im Rahmen des Kontokorrents ansetzen dürfen.

- **gespaltene Zinsen**

  Diese dritte Variante ist eine Kombination der beiden zuvor genannten. Fällt das Laufzeitende einer Kapitalanlage nicht genau auf das Ende einer Zinsperiode, so wird in der Praxis bis zum Ende der vorhergehenden, d.h. vorletzten Zinsperiode, mit Zinseszinsen gerechnet. Für die verbleibende Restlaufzeit, die dann zwangsläufig kürzer als eine Zinsperiode ausfallen muss, wird mit einfachen Zinsen gearbeitet.

Ad (3): Nach dem **Zeitpunkt der Zinsfälligkeit** wird unterschieden zwischen

- **nachschüssigen Zinsen**

  Bei dieser Form werden die Zinsen am Ende einer Zinsperiode fällig, d.h. jeweils nach erfolgter Kapitalüberlassung. In der Praxis ist dieses die Standardvariante.

- **vorschüssigen Zinsen**

  In diesem Fall werden die Zinsen zu Beginn einer Zinsperiode fällig, d.h. jeweils vor erfolgter Kapitalüberlassung. In der Praxis ist diese Variante durchaus des Öfteren zu beobachten. Da sie jedoch deutlich seltener vorkommt als die nachschüssige Form, soll sie im Folgenden vernachlässigt werden, um die Anzahl der möglichen Varianten in diesem Einführungswerk überschaubar zu halten. Gleichwohl stellen vorschüssige Zinsen kein besonderes finanzmathematisches Problem dar, da sie sich durch einfaches Aufzinsen in nachschüssige Zinsen transformieren lassen und umgekehrt.

Für einen besseren Überblick sind die verschiedenen Methoden der Verzinsung in folgender Abbildung noch einmal zusammengestellt. Die sich anschließende Abbildung 11 soll darüber hinaus die Besonderheiten der verschiedenen Varianten optisch hervorheben.

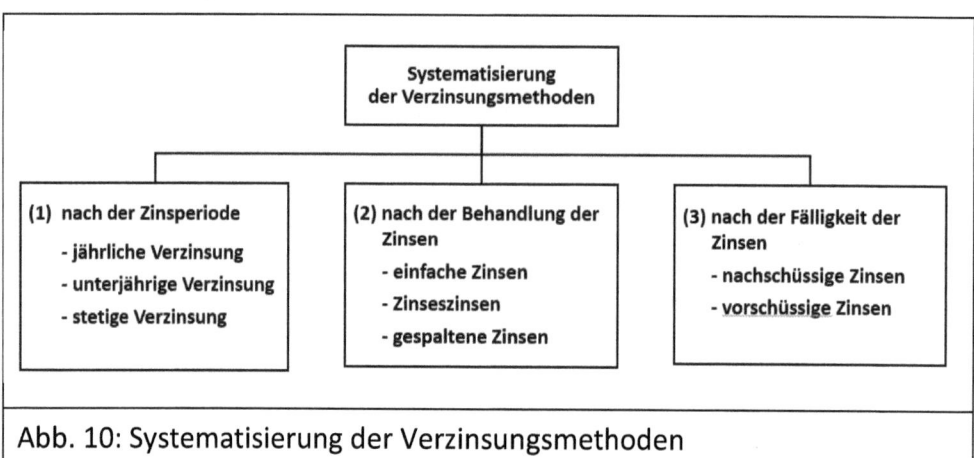

Abb. 10: Systematisierung der Verzinsungsmethoden

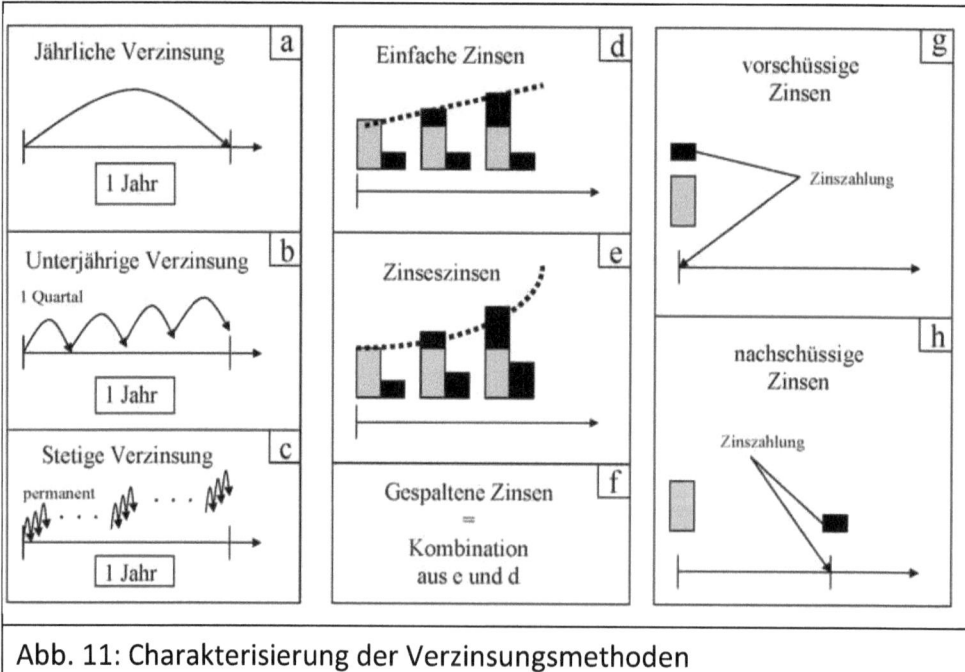

Abb. 11: Charakterisierung der Verzinsungsmethoden

Im Folgenden werden nacheinander jährliche, dann unterjährige und schließlich stetige Verzinsungsprozesse betrachtet. In den ersten beiden Fällen wird jeweils zunächst mit einfachen Zinsen, dann mit Zinseszinsen und zuletzt mit gespaltenen Zinsen gearbeitet. Bei der Betrachtung der stetigen Verzinsung ist der Fall einfacher (unter damit auch gemischter) Zinsen obsolet, weil dieser dem Charakter der stetigen (kontinuierlichen) Verzinsung widerspricht. Für alle betrachteten Fälle werden nachschüssig fällige Zinsen unterstellt.

2 Jährliche Verzinsung

2.1 Jährliche Verzinsung mit einfachen Zinsen

Ausgangssituation:

Betrachtet wird eine Kapitalanlage (oder -aufnahme) mit einer **Zinsperiode von einem Jahr**, bei der am Jahresende die Zinsvergütung bzw. –belastung erfolgt. Die **Zinsen erhöhen** die **Kapitalbasis nicht**, sondern werden unverzinslich (auf einem separaten Zinskonto) angesammelt.

Symbole:

Z_t	=	Zinsen am Ende des t. Jahres	[€]
K_0	=	(Anfangs-) Kapital zu Beginn der Kapitalanlage	[€]
K_n	=	(End-) Kapital zum Ende der Kapitalanlage	[€]
i	=	Zinssatz (-fuß)	[% / Jahr]
t	=	Periodenindex (t = 1, …, n)	[o.D.]

Entwicklung der Zinsen:

Zinsen für das 1. Jahr: $Z_1 = K_0 \cdot i$

Zinsen für das t. Jahr: $Z_t = K_0 \cdot i$ für t = 1, …, n   (C.1)

Entwicklung des Kapitalstocks:

$K_1 = K_0 + Z_1 = K_0 + K_0 \cdot i = K_0 (1 + i)$

$K_2 = K_0 + Z_1 + Z_2 = K_0 + K_0 \cdot i + K_0 \cdot i = K_0 (1 + 2 \cdot i)$

…

$K_n = K_0 \cdot (1 + n \cdot i)$ (C.2)

Das Kapital entwickelt sich bei einfachen Zinsen gemäß Abb. 12.

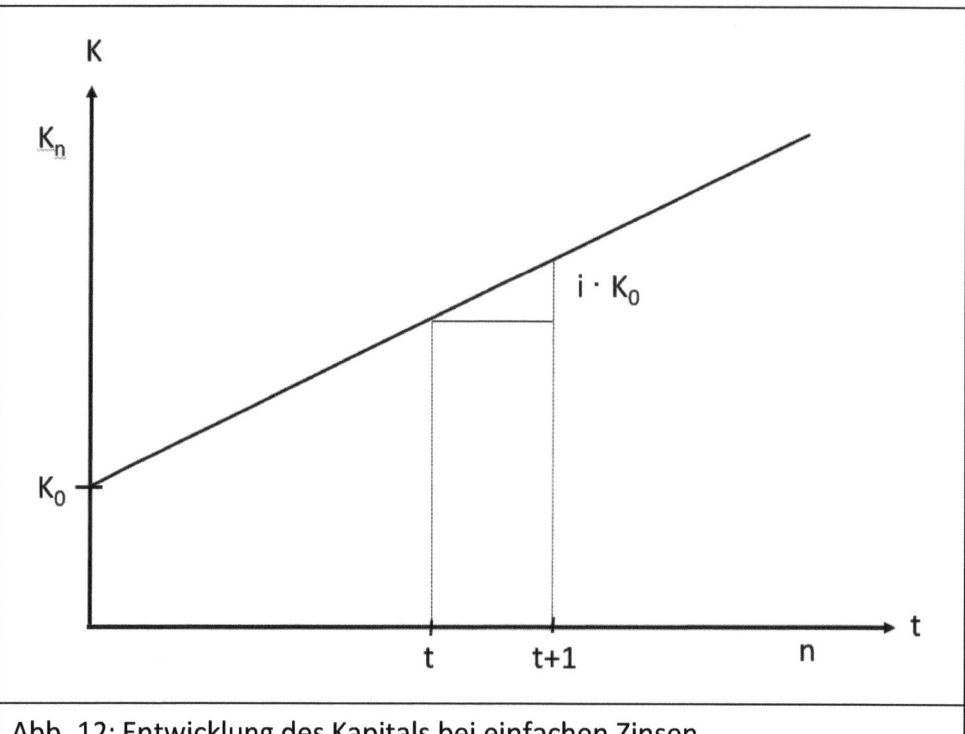

Abb. 12: Entwicklung des Kapitals bei einfachen Zinsen

Interpretation:

Das Kapital steigt von Jahr zu Jahr um einen konstanten Betrag ($i \cdot K_0$), nämlich die Zinsen auf das ursprünglich angelegte Kapital. Entsprechend entwickelt sich das Kapital in Form einer steigenden arithmetischen Folge von K_0 bis K_n, mit $d = i \cdot K_0$.

Beispiel:

Ein Kapitel von 10.000 € verzinst sich jährlich zu 6%. Es sei die bürgerliche Verzinsungsform vereinbart. Wie hoch ist der Kapitalstock nach 5 Jahren?

$$K_5 = 10.000 \cdot (1 + 5 \cdot 0,06) = 13.000 \ [\text{€}]$$

Bei jährlichen Zinsen von $K_0 \cdot i = 10.000 \cdot 0,06 = 600$ ergeben sich nach 5 Jahren 3.000 € Zinsen. Zusammen mit dem Anfangskapital ergibt sich ein Endkapital von 13.000 €.

In Formel (C.2) zur Bestimmung des Endkapitals treten vier Größen auf. Bei einer Gleichung mit vier Größen müssen drei Größen bekannt sein, um die Gleichung nach der verbleibenden vierten Größe auflösen zu können. Damit lassen sich mögliche Rechenaufgaben einer der Zeilen der folgenden Tabelle zuordnen:

Fall	zu berechnen	bekannt
1	Endkapital K_n	Anfangskapital K_0, Zinssatz i, Laufzeit n
2	Anfangskapital K_0	Endkapital K_n, Zinssatz i, Laufzeit n
3	Zinssatz i	Anfangskapital K_0, Endkapital K_n, Laufzeit n
4	Laufzeit n	Anfangskapital K_0, Endkapital K_n, Zinssatz i

Tab. 7: Fälle bzw. Aufgabentypen bei jährlicher Verzinsung

2.2 Jährliche Verzinsung mit Zinseszinsen

Ausgangssituation:

Betrachtet wird eine Kapitalanlage (oder Kreditaufnahme) mit einer **Zinsperiode von einem Jahr**, bei der am Jahresende die Zinsvergütung bzw. –belastung erfolgt. Die **Zinsen erhöhen** die **Kapitalbasis**, so dass ab dem zweiten Jahr Zinseszinsen anfallen.

Symbole:

q = Auf- bzw. Abzinsungsfaktor (q = 1 + i)   [o.D.]

Entwicklung der Zinsen:

Zinsen für das 1. Jahr: $Z_1 = K_0 \cdot i$

Zinsen für das t. Jahr: $Z_t = K_{t-1} \cdot i$ für t = 1, …, n   (C.3)

Entwicklung des Kapitalstocks:

$K_1 = K_0 + Z_1 = K_0 + K_0 \cdot i = K_0 (1 + i) = K_0 \cdot q$

$K_2 = K_1 + K_1 \cdot i = K_1 (1 + i) = K_1 \cdot q = K_0 \cdot q^2$

…

$K_n = K_0 \cdot q^n$ (C.4)

Das Kapital entwickelt sich bei Zinseszinsen gemäß folgender Abbildung:

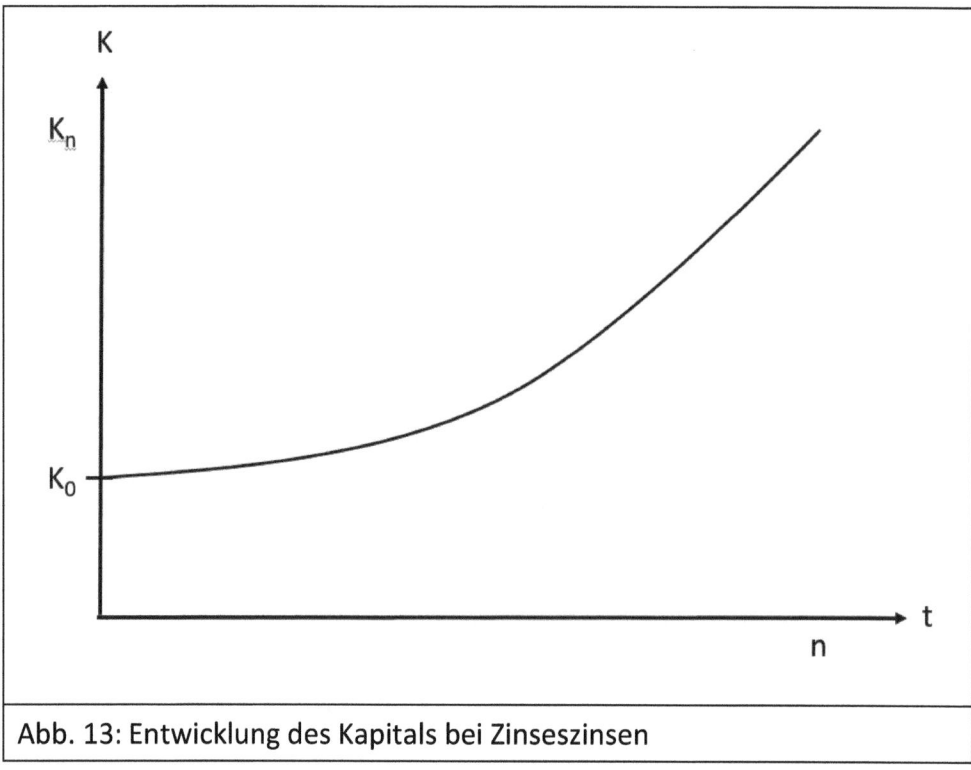

Abb. 13: Entwicklung des Kapitals bei Zinseszinsen

Interpretation:

Das Kapital steigt von Jahr zu Jahr immer stärker (progressiv). Entsprechend entwickelt sich das Kapital in Form einer steigenden geometrischen Folge von K_0 bis K_n, mit $q^* = 1 + i$.

Beispiel:

Ein Kapitel von 10.000 € verzinst sich jährlich zu 6%. Wie hoch ist der Kapitalstock nach 5 Jahren bei einer zinseszinslichen Anlage?

$$K_5 = 10.000 \cdot (1 + 0{,}06)^5 = 13.382{,}26 \ [€]$$

Durch Zinseszinsen ergeben sich hier mit 382,26 € um 82,26 € höhere Zinsen als im Beispiel der einfachen Zinsen mit 300 € aus Kapitel B.2.1.

In Formel (C.4) zur Bestimmung des Endkapitals treten vier Größen auf. Analog zu oben müssen drei Größen bekannt sein, um die Gleichung nach der verbleibenden vierten Größe auflösen zu können. Damit lassen sich mögliche Aufgaben wiederum einer der Zeilen aus Tab. 7 zuordnen.

2.3 Jährliche Verzinsung mit gespaltener Zinsberechnung

Ausgangssituation:

Betrachtet wird eine Kapitalanlage (oder Kreditaufnahme), deren **Laufzeit nicht am Ende einer Zinsperiode endet**. Im Falle der jährlichen Verzinsung bedeutet dieses, dass die Laufzeit der Anlage nicht am Ende eines Zinsjahres, sondern innerhalb des folgenden Zinsjahres abbricht, also etwa nach 3,5 Jahren. In diesem Fall wird bis zum letzten kompletten Zinsjahr mit Zinseszinsen gerechnet (im Beispiel über 3 Jahre), in der verbleibenden Restlaufzeit (im Beispiel über das letzte halbe Jahr) wird mit einfacher Verzinsung gearbeitet. Deshalb wird auch von **gemischter Verzinsung** gesprochen

Vorgehensweise:

(1) Zunächst wird das Endkapital für die letzte vollständige Zinsperiode mit Zinseszinsen bestimmt (hier für 3 Jahre)

(2) Dann werden die Zinsen für die Restlaufzeit mit einfachen Zinsen berechnet und dem zuvor ermittelten Endkapital aus (1) hinzuaddiert (hier für ein halbes Jahr).

Ad (1):

Für Schritt (1) ist Formel (C.4) heranzuziehen. Dabei ist der Laufzeitindex n durch das Symbol g (ganzzahlig) zu ersetzen, wobei g die letzte vollständige (ganzzahlige) Zinsperiode bezeichnet. Weil sich im Beispiel n auf 3,5 beläuft, ist für g entsprechend der Wert 3 einzusetzen. Damit ergibt sich das gesuchte Endkapital am Ende des Jahres g gemäß der Formel (C.4):

$$K_g = K_0 \cdot q^g$$

Ad (2):

Die Zinsen für die Restlaufzeit lassen sich ermitteln, in dem der Zinssatz der Restlaufzeit mit dem Kapital K_g zu Beginn der Restlaufzeit multipliziert wird. Der Zinssatz für die Restlaufzeit ergibt sich bei einfachen Zinsen durch lineare Umrechnung des Jahreszinssatzes auf die Restlaufzeit. Bei einem Jahreszinssatz i beträgt der proportionale Anteil bezüglich der Restlaufzeit $s \cdot i$.

Allgemein kann s als Quotient aus der Restlaufzeit rl und der Zinsperiode zp bestimmt werden. In Abschnitt C.2 beträgt die Zinsperiode einheitlich ein Jahr, so dass sich s als Jahresanteil bestimmen lässt. Im vorliegenden Fall eines halben noch zu verzinsenden Jahres beträgt s also 0,5 [0,5 Jahre / Jahr].

Die Zinsen für die Restlaufzeit Z^{RLZ} betragen dementsprechend:

$$Z^{RLZ} = s \cdot i \cdot K_g \qquad\qquad (C.5)$$

Das Endkapital beläuft sich auf:

$$K_n = K_g + Z^{RLZ} = K_g \cdot (1 + s \cdot i) \qquad\qquad (C.6)$$

Beispiel:

Ein Kapitel von 1.000 € verzinst sich jährlich zu 10%. Wie hoch ist der Kapitalstock nach 3,5 Jahren, wenn jährlich mit Zinseszinsen, unterjährig mit einfachen Zinsen gerechnet wird?

$$K_{g=3} = 1.000 \cdot (1 + 0,1)^3 = 1.331 \ [\text{€}]$$

$$Z^{RLZ} = 0,5 \cdot 0,1 \cdot 1.331 = 66,55 \ [\text{€}]$$

$$K_{n=3,5} = K_3 + Z^{RLZ} = 1.331 + 66,55 = 1.397,55 \ [\text{€}]$$

Nach Ablauf von 3,5 Jahren beläuft sich das Endkapital auf 1.397,55 €.

Das Kapital entwickelt sich bei gemischter Verzinsung gemäß Abb. 14.

2.4 Ergänzende Aspekte bei jährlicher Verzinsung

Abschließend seien noch einige wichtige Aspekte bei jährlicher Verzinsung betrachtet. Zunächst einmal geht es um den Vergleich einer Finanzwelt mit einfachen Zinsen mit der Finanzwelt der Zinseszinsen. Je nach Zinswelt entwickelt sich die Höhe eines in $t = 0$ angelegten Kapitals höchst unterschiedlich, wie ein Vergleich der Abbildungen 12 und 13 deutlich zeigt. Während das Kapital bei einfachen Zinsen von Jahr zu Jahr **proportional** wächst, steigt das Kapital im Falle von Zinseszinsen **progressiv**. Zu welchen Unterschieden dieses bei langen Laufzeiten führen kann, zeigt folgendes Beispiel:

Hätte ein Vorfahr von Ihnen vor 500 Jahren 1 Cent zu $i = 5\%$ Jahreszins angelegt, würde sich der aktuelle Kontostand im Falle von (a) einfachen bzw. (b) Zinseszinsen belaufen auf:

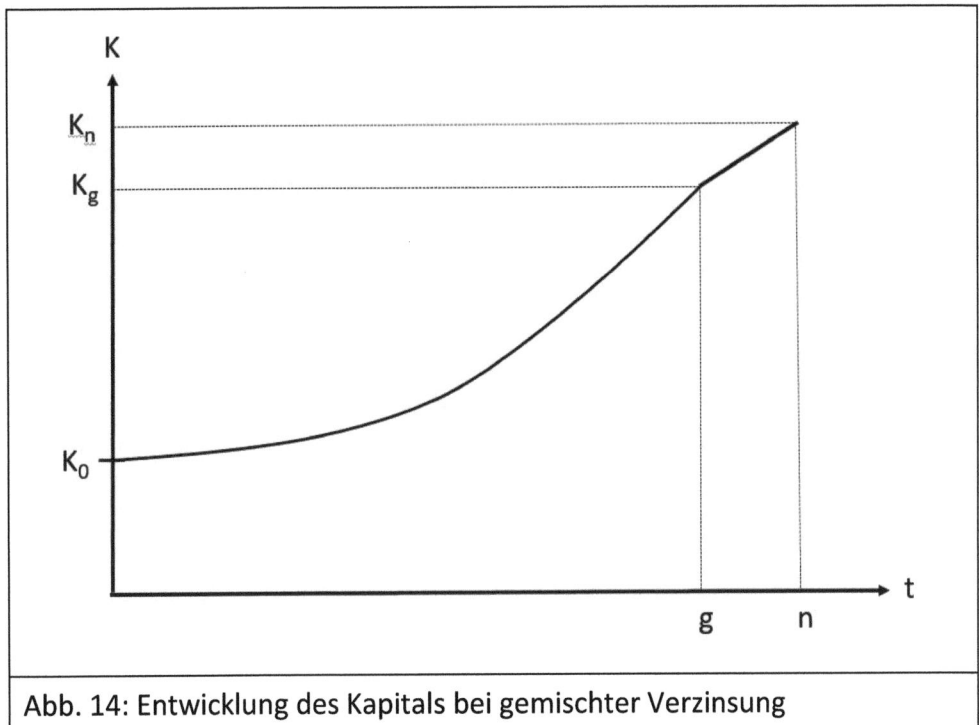

Abb. 14: Entwicklung des Kapitals bei gemischter Verzinsung

(a) $K_{n=500} = 0,01 \cdot (1 + 500 \cdot 0,05) = 0,26 \,€$

(b) $K_{n=500} = 0,01 \cdot (1 + 0,05)^{500} = 393.232.618,30 \,€$

Das Beispiel zeigt, wie unterschiedlich sich das Kapital in den beiden Zinswelten entwickelt. Es macht deutlich, dass in einer Welt mit Zinseszinsen Währungsreformen immer wieder anstehen, denn der 1 Cent vor 500 Jahren ist heute über 393 Mio. € wert (bei einem Jahreszinssatz von 5%).

Doch nicht nur die langfristige Entwicklung des Kapitals in den beiden Zinswelten ist interessant. Auch die Unterschiede bei einer Laufzeit von bis zu einem Jahr sollten betrachtet werden. Abb. 15 zeigt die Entwicklung eines Anfangskapitals von 1.000 € über einen Zeitraum von 4 Jahren oder 48 Monaten.

Einerseits läuft die Entwicklung der beiden Kapitalkurven mit zunehmender Anlagedauer immer weiter auseinander, andererseits ist das Endkapital bei einer Laufzeit von genau einem Jahr in beiden Fällen identisch. Bei Laufzeiten unterhalb eines Jahres liegt das Endvermögen in einer Welt mit einfachen Zin-

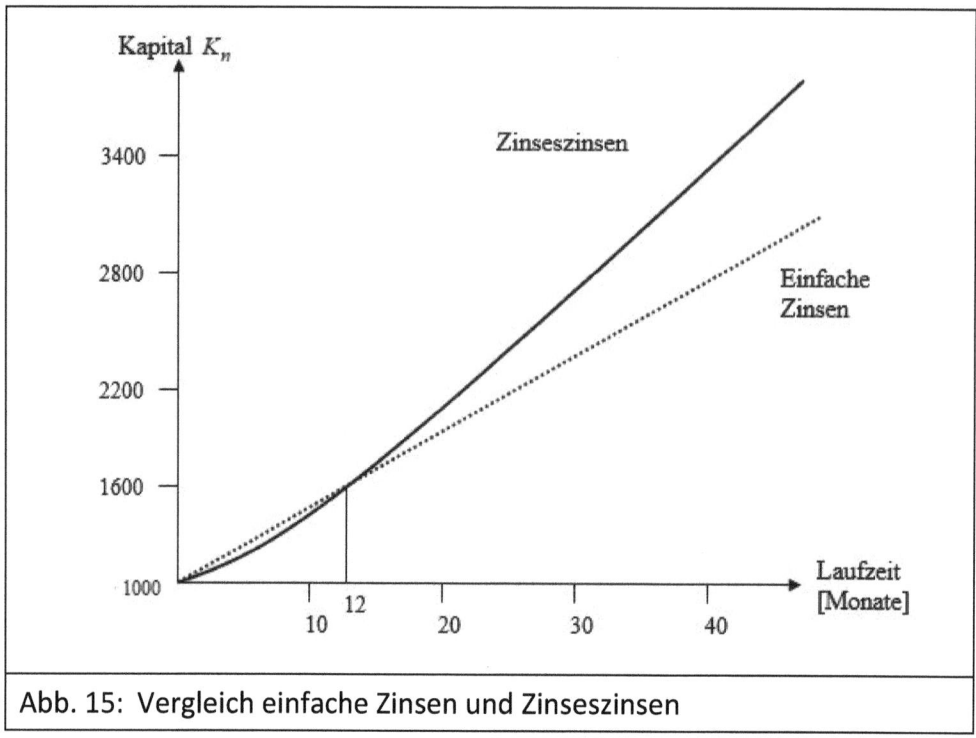

Abb. 15: Vergleich einfache Zinsen und Zinseszinsen

sen sogar höher als in einer Welt mit Zinseszinsen. Fraglich ist, wie sich diese Entwicklung erklären lässt.

Anhand der Formeln (C.2) und (C.4) lässt sich zeigen, dass bei einer Laufzeit von einem Jahr die beiden Kapitalien gleich hoch sein müssen:

Für C.2 (einfache Zinsen) gilt bei n = 1: $K_1 = K_0 \cdot (1 + 1 \cdot i) = K_0 + K_0 \cdot i$

Für C.4 (Zinseszinsen)   gilt bei n = 1: $K_1 = K_0 \cdot (1 + i)^1 = K_0 + K_0 \cdot i$

ist n < 1 (z.B. 6 Monate, d.h. n = 0,5) gilt für etwa i = 10%:

Für (C.2): $K_{0,5} = K_0 \cdot (1 + 0,5 \cdot i) = K_0 + K_0 \cdot 0,5 \cdot 0,1 = \mathbf{1,05} \cdot K_0$

Für (C.4): $K_{0,5} = K_0 \cdot (1 + i)^{0,5} = K_0 \cdot (1 + 0,1)^{0,5} = \mathbf{1,0488} \cdot K_0$

Das Beispiel zeigt, dass bei einer Laufzeit von unter einem Jahr bei jährlicher Verzinsung das Endkapital im Fall einfacher Zinsen höher liegt als im Fall der Zinseszinsen. Dies lässt sich nicht nur numerisch zeigen, sondern auch verbal erklären:

Wenn am Jahresende das Kapital bei einfachen und bei Zinseszinsen gleich hoch ist, muss es innerhalb des Jahres bei Zinseszinsen geringer sein. Während die Steigung der Kapitalfunktion bei einfachen Zinsen konstant ist, steigt die Kapitalfunktion im Falle von Zinseszinsen progressiv. Dabei ist die Steigung zunächst geringer als die Steigung bei einfachen Zinsen. Entsprechend liegt das erreichte (End-) Kapital unterhalb des (End-) Kapitals bei einfachen Zinsen. Ab einer bestimmten Laufzeit übersteigt dann die progressive Steigerungsrate der Zinseszinsen die gleichbleibende Steigerungsrate der einfachen Zinsen. Der ursprüngliche Nachteil des progressiven Verlaufs wird mehr und mehr kompensiert und am Ende des Jahres ist er vollständig beseitigt.

*Anmerkung: Bei **unterjähriger Verzinsung** ist bei einer Laufzeit von unter einem Jahr das Endkapital im Falle von Zinseszinsen selbstverständlich höher als bei einfachen Zinsen!*

Beginnt die **Laufzeit** einer Kapitalanlage **nicht mit Beginn der (nächsten) Zinsperiode**, sondern früher, oder **endet** die Kapitalanlage **nicht am Ende einer Zinsperiode**, sondern bereits vorher, ist zu klären, wie die Tage zu zählen sind, die verzinst werden müssen. In diesem Zusammenhang wird auch von **gebrochenen Zinsperioden** gesprochen. International haben sich im Umgang mit gebrochenen Zinsperioden verschiedene Varianten herauskristallisiert, von denen die wichtigsten im Folgenden kurz vorgestellt werden:

(1) Deutsche Zinsmethode
(2) Eurozinsmethode
(3) Englische Zinsmethode

Ad (1): Nach der **Deutschen Zinsmethode**, auch **30/360-** oder **kaufmännische Zinsmethode** genannt, wird jeder Monat, unabhängig von der tatsächlichen Anzahl, immer mit 30 Zinstagen gezählt. Für das Jahr werden stets 360 Tage angesetzt.

Ad (2): Gemäß der **Eurozinsmethode**, auch **Französische Zinsmethode** oder **(act/360)-Methode** genannt, werden die tatsächlichen Tage eines Monats als Zinstage erfasst. Während für das Jahr vereinfachend 360 Tage angesetzt sind, werden die Tage eines Monats je nach Monat kalendergenau mit 31, 30 bzw. 28 und bei Schaltjahren mit 29 Tagen veranschlagt.

Ad (3): Nach der **englischen Zinsmethode**, auch **(act/365)**- oder genauer **(act/act)-Methode** genannt, werden nicht nur die tatsächlichen Tage eines Monats angesetzt, sondern auch das Jahr mit den realen 365 bzw. bei Schaltjahren mit 366 Tagen verrechnet.

Unabhängig von der gewählten Methode muss festgelegt werden, ob der erste und der letzte Tag des Anlagezeitraums mitgezählt wird oder nicht. In der Praxis wird häufig der erste Tag (Anlagetag) mitgezählt, der letzte Tag (Auszahlungstag) dagegen nicht.

Im Zusammenhang mit den Zinsberechnungsmethoden gilt es noch zu klären, mit welchem Tag die Zählung beginnt und mit welchem sie endet. Dies ist eine Frage der **Wertstellungspraxis**, die aus den Allgemeinen Geschäftsbedingungen von Banken auch als **Wertstellungsklausel** bekannt ist. Es gibt Bankgeschäfte, bei denen mit einem time lag von bis zu zwei Werktagen zwischen der Zahlung und dem Beginn der Verzinsung gerechnet wird. In der Vergangenheit wurden manchmal Beträge schon einem Konto buchungsmäßig gutgeschrieben, aber noch nicht zum Wert gestellt. Da dieses den Kunden täuschen könnte, hat der BGH eine solche Praxis aus Verbraucherschutzgründen für unzulässig erklärt. Da die Wertstellung von Überweisungen heute grundsätzlich taggleich mit dem Zahlungseingang erfolgt, soll im Folgenden von einem möglichen time lag abstrahiert werden. Wird im Falle einer Gutschrift diese erst am Folgetag verbucht, ist dieses unschädlich, falls die Wertstellung (auch Valuta genannt) rückwirkend zum vorhergehenden Tag vorgenommen wird. Mit Unternehmen können Banken im Einzelfall vertraglich abweichende Regelungen vereinbaren.

Wegen der Vielzahl an Möglichkeiten der Tageszählung bei gebrochenen Zinsperioden bietet es sich bei Klausuren an, für die Anzahl der Zinstage nur ganzzahlige Vielfache von „10" zuzulassen. Damit erspart man sich als Prüfer in der Aufgabenstellung einerseits viele Erläuterungen, andererseits raten die Klausurteilnehmer nicht hin und her, ob der einzelne Tag bei einer Aufgabe noch zum Zinszeitraum zu rechnen ist oder nicht. Ggf. könnten dem Einzelnen sonst durch mögliche oder kritische Interpretationsspielräume Punkte bzw. Teilpunkte in der Klausur verloren gehen, obwohl er die Rechnung ansonsten fehlerfrei beherrscht hat.

3 Unterjährige Verzinsung

3.1 Zinssätze für verschiedene Zinswelten und -perioden

Ausgangssituation:

Betrachtet wird eine Kapitalanlage (oder Kreditaufnahme) mit einer **Zinsperiode von weniger als einem Jahr**, also Halbjahr, Quartal, Monat oder Tag. Am Ende einer jeden Zinsperiode werden die Zinsen vergütet bzw. belastet. Das bedeutet, das mehrfach pro Jahr Zinsen und ggf. Zinseszinsen anfallen. Dabei wird zunächst wiederum davon ausgegangen, dass Zinsen die Kapitalbasis nicht erhöhen (einfache Zinsen), anschießend werden Zinseszinsen betrachtet. Im unterjährigen Fall kann es analog zur jährlichen Verzinsung geschehen, dass die Laufzeit einer Anlage nicht mit dem Ende der (letzten) unterjährigen Zinsperiode zusammenfällt, sondern vorher abbricht. Dann wird analog zur jährlichen Verzinsung auch im unterjährigen Fall mit gespaltenen Zinsen gerechnet.

Ausgehend vom vertraglich vereinbarten Jahreszinssatz i, im Folgenden **Nominalzinssatz** i_{nom} genannt, muss aus diesem ein Zinssatz i_{rel} für die kürzere unterjährige Zinsperiode, auch zeitanteiliger nomineller Jahreszinssatz bzw. **relativer Zinssatz** genannt, ermittelt werden. Dieses geschieht durch einfache Division gemäß folgender Formel:

$$i_{rel} = \frac{i_{nom}}{m} \qquad\qquad \text{(C.7)}$$

Symbole:

i_{rel}	= relativer (Perioden-) Zinssatz	[% / Periode]
i_{nom}	= nomineller Jahreszins	[% / Jahr]
m	= Anzahl der Zinsperioden pro Jahr	[o.D.]

Der **vertraglich vereinbarte Nominalzins** bezieht sich auf den Nominalwert der zugrundeliegenden Kapitalanlage bzw. Kreditaufnahme. Üblicherweise wird er als Prozentsatz pro Jahr angegeben und linear auf die unterjährige Zinsperiode herunter gerechnet. Dass in der Praxis nicht der gesamte Nominalbetrag eines Kredites ausgezahlt bzw. nicht der gesamte Anlagebetrag eingezahlt werden muss, sondern beispielsweise nur zu 98%, sei hier vernachlässigt.

Wird der unterjährige Zinssatz i_{rel} nach Formel (C.7) bestimmt und werden am Ende einer jeden unterjährigen Zinsperiode entsprechende Zinsen fällig, entspricht die tatsächliche jährliche Verzinsung im Falle von Zinseszinsen nicht dem Nominalzinssatz. Bei m Zinsperioden pro Jahr erwächst aus dem Anfangskapital K_0 in einem Jahr ein Endkapital in Höhe von:

(Endkapital bei m unterjährigen Verzinsungsvorgängen) $\quad K_0 \cdot (1 + \frac{i_{nom}}{m})^m$

Fraglich ist, welcher Jahreszinsfuß (bei jährlicher Verzinsung) zum selben Endkapital geführt hätte, wie der hier betrachtete unterjährige Verzinsungsvorgang mit m Zinsperioden pro Jahr und jeweils dem Zinssatz i_{rel} unter Berücksichtigung von Zinseszinsen. Dieser Zinssatz sei im Folgenden mit dem Symbol i_{eff} bezeichnet. Wird ein Kapital in Höhe von K_0 über ein Jahr zum Zinssatz i_{eff} angelegt, ergibt sich ein Endkapital von

(Endkapital bei jährlicher Verzinsung) $\qquad\qquad\qquad K_0 \cdot (1 + i_{eff})$

Durch Gleichsetzen der beiden Terme lässt sich der **effektive (Jahres-) Zinsfuß** bestimmen:

$$K_0 \cdot (1 + \tfrac{i_{nom}}{m})^m = K_0 \cdot (1 + i_{eff})$$

$$(1 + \tfrac{i_{nom}}{m})^m = 1 + i_{eff}$$

$$i_{eff} = (1 + \tfrac{i_{nom}}{m})^m - 1 \qquad\qquad (C.8)$$

Beispiel:

Ein kurzfristiger Kredit mit einer Laufzeit von einem Jahr und einem Nominalzins von 12% p.a. möge sich monatlich zinseszinslich verzinsen. Wie hoch ist der effektive Zinsfuß?

$$i_{eff} = (1 + \tfrac{0{,}12}{12})^{12} - 1 = 0{,}12684 = 12{,}68\%$$

Interpretation:

Die Anlage eines Kapitalbetrages über 1 Jahr zu einem Zinssatz von 12,68% bei jährlicher Verzinsung führt zum selben Endkapital wie die Anlage desselben Kapitals zu 12% (nominell) bzw. 1% (relativ), wenn in jeder der 12 Zinsperioden des Jahres jeweils ein Zins von 1% (mit Zinseszinsen) angesetzt wird.

Der Effektivzinssatz kann als einheitlicher **Vergleichszinssatz** verschiedenster Verzinsungsmethoden eingesetzt werden. Wird das Kapital am Jahres- bzw. Laufzeitende gemäß der jeweiligen Verzinsungsmethode ermittelt, kann aus diesem Endkapital der effektive Zinsfuß bestimmt werden. Für den Anleger ist dann die Variante vorteilhaft, die den höchsten effektiven Zinsfuß erbringt. Dabei lassen sich nicht nur verschiedene Verzinsungsformen miteinander vergleichen, sondern es können auch abweichende Konditionen (wie Delkredereprovision, Disagio oder Abschluss-"gebühren") in den Vergleich einbezogen werden. Der effektive Zinsfuß zeigt an, wie sich das Kapital der jeweils betrachteten Alternative bei jährlicher Verzinsung entwickeln würde.

Wird als Ausgangspunkt der Rechnung statt des nominellen Jahreszinses der effektive Zinsfuß angegeben, kann der sog. **konforme Zinsfuß** i_{kon} bestimmt werden. Das ist der zu i_{eff} konforme Periodenzinssatz, der bei periodischer Verzinsung zum selben Ergebnis führt, wie die jährliche Verzinsung i_{eff}, d.h., wird die Anlage unterjährig jeweils zu i_{kon} verzinst, so ergibt sich dasselbe Endkapital wie bei jährlicher Verzinsung mit dem effektiven Zinsfuß:

$$K_0 \cdot (1 + i_{eff}) = K_0 \cdot (1 + i_{kon})^m$$

$$1 + i_{eff} = (1 + i_{kon})^m$$

$$i_{kon} = \sqrt[m]{1 + i_{eff}} - 1 \tag{C.9}$$

Beispiel:
Der effektive Jahreszins betrage 12%. Ermitteln Sie den konformen Zins!
$$i_{kon} = \sqrt[12]{1 + 0{,}12} - 1 = 0{,}00949 = 0{,}949\%$$

Interpretation:
Bei einer monatlichen Verzinsung mit dem periodenindividuellen Zinsfuß i_{kon} von 0,949% ergibt sich ein effektiver Jahreszins von 12%. Dieses entspricht einem nominellen Jahreszinssatz von $i_{nom} = i_{kon} \cdot 12 = 0{,}11388 = 11{,}388\%$.

Neben dem bereits aus den Vorkapiteln bekannten nominellen Jahreszins i_{nom} sind in diesem Abschnitt mit dem relativen Zinsfuß i_{rel}, dem effektiven Zinsfuß i_{eff} sowie dem konformen Zinsfuß i_{kon} weitere Zinsfüße vorgestellt worden.

Zusammenfassend lassen sich die genannten Zinssätze anhand der Abb. 16 gegeneinander abgrenzen.

Ergebnis:

Bei der Berechnung des relativen Zinssatzes wird der nominelle Jahreszinssatz durch m dividiert; dieses entspricht der Vorgehensweise der einfachen Verzinsung. Werden tatsächlich aber Zinseszinsen verrechnet, so müsste bei der Berechnung des unterjährigen Zinssatzes richtigerweise die m-te Wurzel gezogen werden [= i_{kon}]. Da dieses (wegen der Rundungsproblematik) in der Praxis (von Banken) nicht geschieht, weichen nomineller und effektiver Zinssatz voneinander ab, falls wie oben beschrieben vorgegangen wird.

Verzinsung / Zinsperiode	Einfache Verzinsung	Zinseszinsen
Jährliche Verzinsung	$i_{nominell}$	$i_{effektiv}$
Unterjährige Verzinsung	$i_{relativ}$	$i_{konform}$

Abb. 16: Zinssätze für verschiedene Zinswelten und -perioden

Im Folgenden wird unterjährig entsprechend der Praxis jeweils der relative Zinsfuß angesetzt, auch wenn mit Zinseszinsen gerechnet wird. In der Theorie könnte (etwa aus Vergleichsgründen) auch der konforme Zinssatz eingesetzt werden. Der im folgenden Abschnitt benutzte Zinssatz i_P lässt beide Varianten zu, regelmäßig ist er aber als i_{rel} zu interpretieren.

3.2 Unterjährige Verzinsung mit einfachen Zinsen

Ausgangssituation:

Betrachtet wird eine Kapitalanlage (oder Kreditaufnahme) mit **m Zinsperioden pro Jahr**. Die Zinsvergütung bzw. –belastung erfolgt jeweils am Ende der unterjährigen Zinsperiode. Die Zinsen erhöhen allerdings die Kapitalbasis nicht, sondern werden unverzinslich (auf einem **separaten Zinskonto**) angesammelt.

Symbole:

Z_P	=	Periodenzinsen	[€]
i_P	=	Periodenzinssatz (-fuß) [i_{rel} oder i_{kon}]	[% / Periode]
$K_{k,t}$	=	Kapital am Ende der k-ten Zinsperiode des t-ten Jahres	[€]
t	=	Jahresindex (t = 1, ..., n)	[o.D.]
k	=	Index der Zinsperiode im Jahr t (k = 1, ..., m)	[o.D.]

Die Zinsen der Kapitalanlage am Ende der ersten Zinsperiode betragen:

$$Z_P = K_0 \cdot i_P$$

Das Kapital am Ende der ersten Zinsperiode des ersten Jahres ergibt sich zu:

$$K_{1,1} = K_0 + 1 \cdot Z_P$$

Das Kapital am Ende der k-ten Zinsperiode des t-ten Jahres beträgt:

$$K_{k,t} = K_0 + [(t-1) \cdot m + k] \cdot Z_P \qquad \text{(C.10)}$$

Bis zur k-ten Zinsperiode des t-ten Jahres hat die Kapitalanlage (t − 1) Jahre komplett durchlaufen und dabei insgesamt [(t − 1) · m] Zinsvorgänge erlebt. Darüber hinaus kommen dann noch die k Zinsperioden des aktuellen Jahres t hinzu, so dass es sich insgesamt um {[(t − 1) · m] + k} Zinsvorgänge handelt.

Beispiel:

Ein Kredit in Höhe von 10.000 € mit einer Laufzeit von 4,5 Jahren wird zu nominal 5% p.a. verzinst. Die Verzinsung erfolgt quartalsweise mit einfachen Zinsen. Wie hoch ist das Endkapital?

Umrechnung des Jahreszinssatzes i_{nom} in den Quartalszinssatz i_P bzw. i_{rel}:

$$i_P = \frac{i_{nom}}{m} = \frac{0,05}{4} = 0,0125 = 1,25 \; \frac{\%}{Quartal}$$

$$Z_P = K_0 \cdot i_P = 10.000 \cdot 0,0125 = 125 \; [\text{€ / Quartal}]$$

$$K_{2,5} = 10.000 + [(5-1) \cdot 4 + 2] \cdot 125 = 12.250 \text{ €}$$

Im fünften Jahr (t = 5) sind 4 Jahre (t − 1) komplett abgeschlossen und in diesen haben insgesamt, bei m = 4 Verzinsungsvorgängen pro Jahr, 16 Verzinsungen stattgefunden. Zusammen mit den beiden (k = 2) Verzinsungsvorgängen des fünften Jahres ergeben sich insgesamt 18 Verzinsungsvorgänge. Jedes Mal erhält der Anleger 125 €, so dass sich ein Endkapital von 12.250 € ergibt.

3.3 Unterjährige Verzinsung mit Zinseszinsen

Ausgangssituation:

Betrachtet wird eine Kapitalanlage (oder Kreditaufnahme) mit **m Zinsperioden pro Jahr**. Die Zinsvergütung bzw. –belastung erfolgt jeweils am Ende der unterjährigen Zinsperiode. Die **Zinsen** werden also mehrfach im Jahr gutgeschrieben und **erhöhen** jedes Mal die **Kapitalbasis**.

Das Kapital am Ende der ersten Zinsperiode des ersten Jahres ergibt sich damit zu:

$$K_{1,1} = K_0 + Z_{1,1}$$

$$K_{1,1} = K_0 + K_0 \cdot i_P = K_0 \cdot (1 + i_P) = K_0 \cdot q_P$$

Das Kapital am Ende der k-ten Zinsperiode des t-ten Jahres ergibt sich (analog zu oben) zu:

$$K_{k,t} = K_0 \cdot q_P^{[(t-1) \cdot m + k]} \tag{C.11}$$

Beispiel:

Ein Kredit in Höhe von 10.000 € mit einer Laufzeit von 4,5 Jahren wird zu nominal 5% p.a. verzinst. Die Verzinsung erfolgt quartalsweise mit Zinseszinsen ($q = 1 + i$ bzw. $q_p = 1 + i_P$.). Wie hoch ist das Endkapital?

$$K_{2,5} = 10.000 \cdot 1,0125^{[(5-1) \cdot 4 + 2]} = 12.505,77 \text{ €}$$

Nach 4,5 Jahren hat sich nach 18 Verzinsungsvorgängen ein Endkapital von 12.505,77 € eingestellt. Es liegt im Vergleich zum Fall der einfachen Zinsen (Abschnitt C.3.2) mit einen Endkapital von 12.250 € durch den Zinseszinseffekt um 255,77 € höher.

3.4 Unterjährige Verzinsung mit gespaltener Zinsberechnung

Ausgangssituation:

Betrachtet wird eine Kapitalanlage (oder Kreditaufnahme), deren **Laufzeit nicht am Ende einer Zinsperiode endet**, etwa nach 3 Jahren und 2 Monaten bei quartalsweiser Verzinsung. Im Falle der unterjährigen Verzinsung bedeutet dieses, dass die Laufzeit der Anlage nicht am Ende einer unterjährigen Zinsperiode beendet wird, sondern innerhalb des Halbjahres, Quartals oder

Monats, je nachdem was als Zinsperiode festgelegt wurde, abbricht. In diesem Fall wird bis zur letzten kompletten Zinsperiode (hier 12 Quartale) mit Zinseszinsen, für die verbleibende Restlaufzeit (hier 2 Monate), die dann kürzer ist als die Zinsperiode (hier 1 Quartal bzw. 3 Monate), mit einfachen Zinsen gearbeitet.

Vorgehensweise:
(1) Zunächst wird das Endkapital für die letzte vollständige Zinsperiode mit Zinseszinsen berechnet (hier für 12 Quartale)
(2) Dann werden die Zinsen für die Restlaufzeit mit einfachen Zinsen berechnet und dem zuvor ermittelten Endkapital aus (1) hinzuaddiert (hier für zwei Monate).

Ad (1):
Für Schritt (1) ist Formel (C.11) heranzuziehen. Nach 12 Quartalen ergibt sich am Ende des 4. Quartals im 3. Jahr das gesuchte Endkapital gemäß:

$$K_{k,t} = K_0 \cdot q_P^{[(t-1) \cdot m + k]}$$

Ad (2):
Die Zinsen für die Restlaufzeit lassen sich ermitteln, in dem der Zinssatz der Restlaufzeit mit dem Kapital $K_{k,t}$ zu Beginn der Restlaufzeit multipliziert wird. Der Zinssatz für die Restlaufzeit ergibt sich bei einfachen Zinsen durch lineare Umrechnung des Periodenzinssatzes auf die Restlaufzeit. Bei einem Quartalszinssatz i_P beträgt der proportionale Anteil bezüglich der Restlaufzeit $s \cdot i_P$. Allgemein kann s als Quotient aus der Restlaufzeit rl und der Zinsperiode zp bestimmt werden. Im vorliegenden Fall einer quartalsweisen Verzinsung beträgt s bei 2 Monaten Restlaufzeit also 2/3 [2 Monate / 3 Monate].

Die Zinsen für die Restlaufzeit Z^{RLZ} betragen dementsprechend:

$$Z^{RLZ} = s \cdot i_P \cdot K_{k,t}$$

Das Endkapital beläuft sich auf:

$$K_n = K_{k,t} + Z^{RLZ} = K_{k,t} \cdot (1 + s \cdot i_P) \qquad (C.12)$$

Beispiel:

Ein Kapitel von 10.000 € verzinst sich quartalsweise zu i_P = 2%. Wie hoch ist der Kapitalstock nach 3 Jahren und 2 Monaten, wenn quartalsweise mit Zinseszinsen, innerhalb der Zinsperiode mit einfachen Zinsen gerechnet wird?

$$K_{4,3} = 10.000 \cdot (1 + 0,02)^{12} = 12.682,42 \ [\text{€}]$$

$$Z^{RLZ} = (2/3) \cdot 0,02 \cdot 12.682,42 = 169,10 \ [\text{€}]$$

$$K_n = K_{4,3} + Z^{RLZ} = 12.682,42 + 169,10 = 12.851,52 \ [\text{€}]$$

Nach 3 Jahren und 2 Monaten beläuft sich das Endkapital auf 12.851,52 €.

4   Stetige Verzinsung

4.1   Vorgehensweise

Die stetige Verzinsung kann als **Sonderfall der unterjährigen Verzinsung** mit Zinseszinsen angesehen werden, wobei die Anzahl der Zinsperioden gegen unendlich, die Länge der Zinsperiode gegen null strebt.

Ausgangspunkt:

In der Berechnungsvorschrift für den Fall der unterjährigen Verzinsung mit Zinseszinsen strebt m bei stetiger Verzinsung gegen unendlich. Das Endkapital nach einem Jahr ergibt sich gemäß der Formel:

$$K_1 = K_0 \cdot (1 + \frac{i}{m})^m \qquad \text{mit m} \rightarrow \infty \qquad (C.13)$$

Um den **Grenzwert** zu bestimmen, sind einige Umformungen vorzunehmen. Zunächst einmal wird folgende Setzung vorgenommen:

$$\frac{i}{m} = \frac{1}{x} \quad \text{bzw.} \quad m = x \cdot i \qquad (C.14)$$

Wird die Setzung in Formel (C.13) eingesetzt, ergibt sich:

$$K_1 = K_0 \cdot (1 + \frac{i}{m})^m = K_0 \cdot (1 + \frac{1}{x})^{x \cdot i}$$

$$= K_0 \cdot [(1 + \frac{1}{x})^x]^i$$

Bei der Grenzwertbildung (m → ∞) ist zu berücksichtigen, dass der Zinssatz i konstant ist. Insofern ist es gleich, ob der Grenzwert nur für die eckige Klammer oder für die eckige Klammer inklusive des hochgestellten Zinssatzes ermittelt wird. Entsprechend vereinfacht sich die Grenzwertbildung zu:

$$K_0 \cdot [(1 + \tfrac{1}{x})^x] \ , \quad \text{mit } x \to \infty$$

Den Grenzwert des Klammerausdrucks haben Mathematiker bestimmt als Eulersche Zahl e:

$$\lim_{x \to \infty} \left(1 + \tfrac{1}{x}\right)^x = 2{,}7182 = e$$

Eingesetzt in die Ursprungsformel für das Endkapital K_1 ergibt sich:

$$K_1 = K_0 \cdot [(1 + \tfrac{1}{x})^x]^i = K_0 \cdot e^i$$

Damit entwickelt sich das Kapital im Zeitablauf wie folgt:

$$K_2 = K_1 \cdot e^i = K_0 \cdot e^i \cdot e^i = K_0 \cdot e^{2 \cdot i}$$

$$\ldots$$

$$K_n = K_0 \cdot e^{n \cdot i} \tag{C.15}$$

Beispiel:

Ein Kapital über 10.000 € mit einer Laufzeit von 5 Jahren verzinst sich stetig zu 6% p.a. Wie hoch ist das Endkapital?

$$K_5 = 10.000 \cdot e^{6 \cdot 0{,}05} = 13.498{,}59 \ [\text{€}]$$

Das Endkapital bei stetiger Verzinsung beträgt 13.498,59 € und liegt damit um 498,59 € höher als bei einfachen Zinsen mit 13.000 € (Abschnitt C.2.1) und um 116,33 € höher als bei Zinseszinsen mit 13.382,26 € (Abschnitt C.2.2).

Das Beispiel zeigt, dass das Endkapital im Falle stetiger Verzinsung nicht über alle Grenzen wächst, sondern gegen einen endlichen Grenzwert konvergiert.

4.2 Anwendungsbeispiele

Mit den Formeln der stetigen Verzinsung lassen sich **kontinuierliche Wachstums- und Schrumpfungsprozesse** abbilden. Dabei ist es gleichgültig, ob es sich um physikalische, chemische, biologische, demographische oder ökonomische Prozesse handelt. Beispielsweise lässt sich die Kostenreduktion in der Produktion, die sich durch Lerneffekte ergibt, mit Hilfe der obigen Formeln darstellen. Auch radioaktive Zerfallsprozesse sowie das Wachstum von Pflanzen oder Bakterienkulturen können über stetige Verzinsungsformeln nachgebildet werden.

In der Finanzmathematik spielt die stetige Verzinsung nur in der **betriebswirtschaftlichen Theorie** eine Rolle, in der Praxis kommt sie i.A. nicht zur Anwendung. Mit Hilfe der stetigen Verzinsung, die auf eine wissenschaftlich unnötige, weil willkürliche Unterteilung des Planungszeitraums in Jahre, Halbjahre, Quartale, Monate oder Tage verzichtet, lassen sich etwa die (theoretisch) optimale Nutzungsdauer und der (theoretisch) optimale Ersatzzeitpunkt von Investitionsobjekten ermitteln.

Zur Veranschaulichung der Unterschiede zwischen einer (natürlichen) stetigen und einer diskreten Wachstumsfunktion, wie sie i.A. in der Finanzwelt für Kapitalbeträge zu beobachten ist, dient folgende Abbildung:

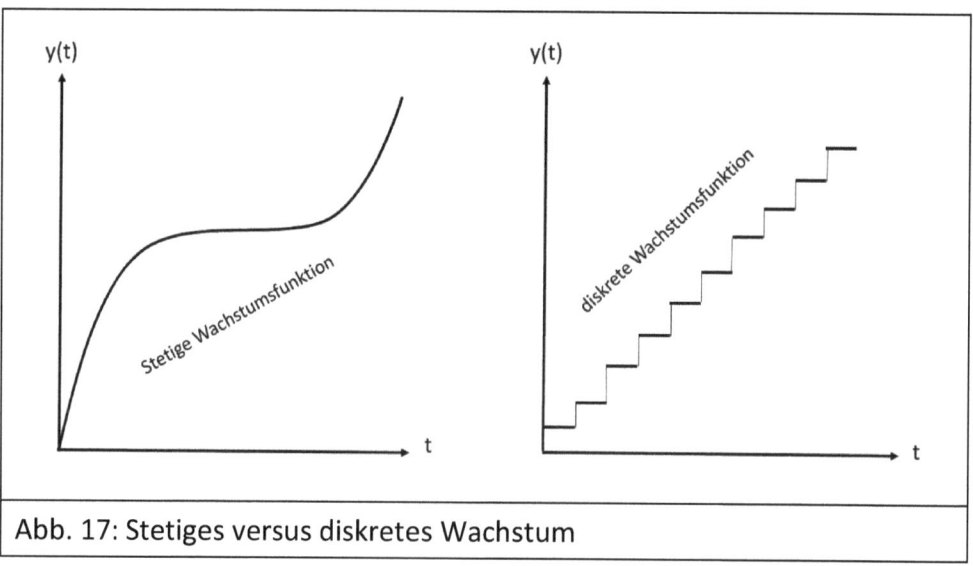

Abb. 17: Stetiges versus diskretes Wachstum

5 Übungen zu den Zinsrechnungen

5.1 Fragen

1) Nach welchen Kriterien lassen sich Verzinsungsarten systematisieren? (*S. 43*)

2) Je nach Verzinsungszeitraum lassen sich drei Arten von Zinsrechnungen unterscheiden. Nennen und erläutern Sie diese! (*S. 43 f.*)

3) Je nachdem, wie gezahlte Zinsen bei der weiteren Verzinsung des Kapitals behandelt werden, lassen sich drei Arten von Zinsrechnungen unterscheiden. Nennen und erläutern Sie diese! (*S. 44 f.*)

4) Je nach Zeitpunkt, zu dem Zinszahlungen erfolgen, lassen sich zwei Arten von Zinsrechnungen unterscheiden. Nennen und erläutern Sie diese! (*S. 45*)

5) Wie verändert sich die Kapitalbasis der Verzinsung, falls mit einfachen Zinsen gerechnet wird? (*S. 44*)

6) Wie verändert sich die Kapitalbasis der Verzinsung, falls mit Zinseszinsen gerechnet wird? (*S. 45*)

7) Nach einem bestimmten Zeitraum führt eine Rechnung mit einfachen Zinsen zum selben Endkapital wie eine Rechnung mit Zinseszinsen. Geben Sie diesen Zeitraum an und zeigen Sie die Richtigkeit dieser Behauptung anhand einer Gleichung! (*S. 54*)

8) Unter welcher Voraussetzung kommt im Falle einer jährlichen Verzinsung eine Spaltung der Zinsberechnung in Betracht? (*S. 51*)

9) Erläutern Sie verbal die grundsätzliche Vorgehensweise der gespaltenen Zinsberechnung! (*S. 51*)

10) Um den Anteil der Restlaufzeit eines Kapitals an der Zinsperiode zu ermitteln, werden unterschiedliche Methoden vorgeschlagen. Nennen und erläutern Sie diese! (*S. 55 f.*)

11) Erläutern Sie das Problem der Bestimmung von Anfang und Ende des Verzinsungszeitraumes! Wie lösen Kreditinstitute dieses Problem? (*S. 56*)

12) Geben Sie den Zusammenhang zwischen dem Nominalzinsfuß und dem effektiven Zinsfuß an! (*S. 58*)

13) Geben Sie den Zusammenhang zwischen dem konformen und dem effektiven Zinsfuß an! (*S. 59*)

14) Erläutern Sie, warum die stetige Verzinsung als Sonderfall der unterjährigen Verzinsung verstanden wird! (*S. 64 f.*)

15) Gegen welchen Grenzwert strebt der Endwert eines Kapitals K_0, wenn es über n Jahre zu einem Zinssatz i stetig verzinst wird? (*S. 65*)

16) Der effektive Jahreszins lässt sich nicht nur für unterjährige Verzinsungsprozesse ermitteln, sondern auch für mehrjährige Anlagen mit jahresindividuellen Zinssätzen. Wie ist der effektive Zinsfuß in diesem Fall zu bestimmen? (*S. 59*)

5.2 Aufgaben

Aufgabe 1

Das Endkapital bei jährlicher Verzinsung mit einfachen Zinsen ergibt sich gemäß Formel (C.2). Stellen Sie die Formel (1) nach K_0, (2) nach n sowie (3) nach i um!

Aufgabe 2

Das Endkapital bei jährlicher Verzinsung mit Zinseszinsen ergibt sich gemäß Formel (C.4). Stellen Sie die Formel (1) nach K_0, (2) nach n sowie (3) nach i um!

Aufgabe 3

Ein Anfangskapital von 30.000 € wächst in 5 Jahren auf ein Kapital in Höhe von 39.750 € bei einfacher jährlicher Verzinsung an. Wie hoch ist der zugrundezulegende Zinssatz?

Aufgabe 4

Bei einer einfachen jährlichen Verzinsung von 7% p.a. wächst ein Anfangskapital in Höhe von 50.000 € auf ein Endkapital von 81.500 € an. Ermitteln Sie die Laufzeit der Anlage.

Aufgabe 5

Eine Geldanlage ist bei einfacher jährlicher Verzinsung von 8% in 8 Jahren auf einen Betrag von 20.500 € angewachsen. Wie hoch war das Anfangskapital?

Aufgabe 6

Eine Kapitalanlage verzinse sich im ersten Jahr mit 5%, danach nimmt der Zinsfuß jährlich um 0,1 Prozentpunkte ab. Nach wie vielen Jahren verdoppelt sich das Kapital, bei jährlicher Verzinsung

a) mit einfachen Zinsen?

b) mit Zinseszinsen?

Hinweis: $\ln(1 + \dfrac{i}{100}) \approx \dfrac{i}{100}$

Aufgabe 7

Ein Kapital von 1.000 wird über 5 Jahre mit 6% jährlich einfach verzinst. Wie groß muss ein entsprechendes Kapital gewählt werden, damit es nach 6 Jahren bei einfacher Verzinsung mit jährlich 7% auf denselben Wert wächst wie das erste Kapital?

Aufgabe 8

Ein Anfangskapital von 30.000 € wächst in 5 Jahren auf ein Kapital in Höhe von 34.778,22 € bei jährlicher zinseszinslicher Verzinsung an. Wie hoch ist der zugrunde zu legende Zinssatz?

Aufgabe 9

Bei einer jährlichen zinseszinslichen Verzinsung von 7% p.a. wächst ein Anfangskapital in Höhe von 50.000 € auf ein Endkapital von 75.036,52 € an. Ermitteln Sie die Laufzeit der Anlage.

Aufgabe 10

Eine Geldanlage ist bei jährlicher zinseszinslicher Verzinsung von 8% in 8 Jahren auf einen Betrag von 32.206,19 € angewachsen. Wie hoch war das Anfangskapital?

Aufgabe 11

Ein Sparer legt 1.000 € zu nominal 10% p.a. an. Erstellen Sie eine 2x9 Matrix und tragen Sie das Endkapital nach ¼, ½, 1, 2, 3, 4, 5, 10, 20 Jahren bei einfachen Zinsen bzw. Zinseszinsen ein!

Aufgabe 12

Ein Anleger legt Kapital bei monatlichen Verzinsung mit Zinseszinsen an. Er möchte eine jährliche Effektivverzinsung von 16% erreichen. Wie hoch sind i_{nom}, i_{rel} und i_{kon}?

Aufgabe 13

Jemand nimmt einen Kredit von 100 Geldeinheiten (GE) bei jährlicher Verzinsung mit Zinseszinsen auf. Am Ende des ersten Jahres zahlt er 54 GE, am Ende des zweiten 54,33 GE zurück. Wie hoch ist seine durchschnittliche jährliche Zinsbelastung (in % pro Jahr)?

Aufgabe 14

Anton Pfennigfuchser legt bei seiner Hausbank zu Jahresbeginn 1.500 € zinseszinslich zu einem Jahreszinssatz von 3% bei einer Laufzeit von 5 Jahren an. Mit der Bank hat er vereinbart, dass der Jahreszinssatz jährlich um 5% steigen soll. Wie hoch ist das Endkapital und welche durchschnittliche (effektive) Verzinsung pro Jahr erreicht Pfennigfuchser?

Aufgabe 15

Herbert Holstein möchte am 1.7. des Jahres über eine Laufzeit von 3 Jahren 10.000 € zu 12% p.a. anlegen. Die Bank unterbreitet ihm drei Alternativangebote: (I) ein aufgezinster Sparbrief (Zinsgutschrift jeweils nach genau einem Jahr mit i_{nom} = 12%); (II) 30-Tage-Termingeld zu i_{rel} = 1% oder (III) ein Sparbuch. Für welches der drei Angebote sollte sich Holstein entscheiden?

Aufgabe 16

Beim Verkauf eines Grundstückes gehen folgende Angebote ein:
1. 20.000 € sofort; 20.000 € nach 2 Jahren; 30.000 € nach weiteren 3 Jahren
2. 18.000 € sofort; 15.000 € nach 1 Jahr; 40.000 € nach weiteren 5 Jahren.
Welches Angebot ist für den Verkäufer bei einer jährlichen zinseszinslichen Verzinsung von 8% günstiger?

Aufgabe 17

Welchen einmaligen Betrag muss der Student L am 01.01.09 unter Berücksichtigung von Zinseszinsen zahlen, um eine Schuld abzulösen, die aus drei nominell gleich hohen Zahlungen zu je 20.000 € besteht, von denen die erste am 01.01.10, die zweite am 01.01.13 und die letzte am 01.01.19 fällig ist? (i = 10% p.a.)

Aufgabe 18

Ein Kapital von 60.000 € wird über eine Laufzeit von 5 Jahren und 2 Monaten zu 6,5% p.a. angelegt. Auf welchen Betrag wächst das Kapital bei gespaltener jährlicher Zinsberechnung an?

Aufgabe 19

Die Oma hat für Ihren Enkel Stefan am 01.01.2004 ein Sparkonto eröffnet und dabei zugleich 7.500 € eingezahlt. Die Bank verzinst das Guthaben jährlich mit Zinseszinsen zu 3%. Zum 06.07.2009 möchte Stefan das Geld abheben, um sich ein Auto zu kaufen. Mit welchem Betrag kann er rechnen?

Aufgabe 20

Welches Kapital wächst nach 5 Jahren und 6 Monaten bei gemischter jährlicher Verzinsung und 6% Zinsen (p.a.) auf 10.000 € an?

Aufgabe 21

Der Student K zahlt 1.200 € am 01.08.01 auf ein Sparkonto mit kalenderjährlicher Verzinsung zu 3% ein. Am 01.01.03 teilt ihm die Bank mit, dass sich der Zinssatz zu seinen Gunsten auf 4,5% geändert habe. Wie hoch war der Endwert am 16.03.06?

Aufgabe 22

Der effektive Jahreszinsfuß bei halbjährlicher Verzinsung beträgt i_{eff} = 7% p. a.
a) Mit welchem jährlichen Nominalzinsfuß korrespondiert dieser Zinsfuß?
b) Wie hoch ist der konforme, wie hoch der relative Zinssatz?

Aufgabe 23

Zu ermitteln ist ein dem Jahreszinssatz von 6,09% konformer Halbjahreszinssatz, der bei halbjährlicher Zinsverrechnung das Startkapital von 1.000 € auf 1.060,90 € anwachsen lässt.

Aufgabe 24

Eine Festgeldanlage soll vierteljährlich verzinst werden. Die unterjährige Zinsberechnung soll zu einer Effektivverzinsung führen, die einer Jahresverzinsung von 8% entspricht. Welcher Quartalszins muss dann erhoben werden?

Aufgabe 25

In den Zahlungsbedingungen heißt es: „Bei Zahlung innerhalb 10 Tagen 3% Skonto; bei Zahlung innerhalb von 30 Tagen netto Kasse."

1) Ermitteln Sie die Effektivverzinsung dieses Lieferantenkredites für die folgenden alternativen Verzinsungsfiktionen: (1 Jahr = 360 Zinstage)
   a) Jährliche Verzinsung
   b) Quartalsweise Verzinsung
   c) Monatliche Verzinsung

d) Verzinsung im 20-Tage-Rhythmus.

2) Erläutern Sie anhand der Aufgaben 1) a) bis d) den Zusammenhang zwischen dem relativem, dem nominalen, dem effektiven sowie dem konformen Zinsfuß!

Aufgabe 26

Ein Kapital von 6.000 € wird 5 Jahre lang zu nominell 4% p.a. mit vierteljährlichem Zinszuschlag einfach verzinst. Wie hoch ist das Endkapital?

Aufgabe 27

Berechnen Sie die effektive Verzinsung für das Kapital aus Aufgabe 23! Wie hoch wäre der konforme Zinssatz bei einer Effektivverzinsung von 4%?

Aufgabe 28

Nach 2,5 Jahren existiere auf einem monatlich – mit einfachen Zinsen – verzinslichen Sparkonto (nominaler Zinssatz 8% p.a.) ein Betrag von 36.030 €. Wie hoch war das ursprünglich angelegte Anfangskapital?

Aufgabe 29

Vor 6,75 Jahren wurde ein Betrag von 500 € mit einer vierteljährigen Verzinsung bei einfachen Zinsen festgelegt. Jetzt liegen auf dem Sparbuch 736,25 €. Zu welchem Jahreszinssatz wurden die 500 € seinerzeit angelegt?

Aufgabe 30

Ein Kapital von 6.000 € wird 5 Jahre lang zu nominell 4% p.a. mit vierteljährlichem Zinszuschlag zinseszinslich verzinst. Wie hoch ist das Endkapital?

Aufgabe 31

Der Student L legt 20.000 € zu 6% p.a. zinseszinslich an. Auf welche Summe wächst sein Kapital in 5 Jahren bei
a) jährlicher
b) halbjährlicher
c) monatlicher
d) täglicher
e) stetiger Verzinsung an?

Aufgabe 32

Wie hoch ist das Anfangskapital in Aufgabe 28, wenn der Anfangsbetrag anstatt mit einfachen Zinsen mit Zinseszinsen verzinst wurde?

Aufgabe 33

Zu welchem Jahreszinssatz wurde ein Anfangsbetrag von 2.500 € angelegt, wenn die Verzinsung monatlich mit Zinseszinsen erfolgte und nach 3,25 Jahren 3.394,39 € erzielt wurden?

Aufgabe 34

Ein Kapital von 3.000 € wird über eine Laufzeit von 3 Jahren und 3 Monaten zu einem nominellen Zinssatz von 6% p.a.bei halbjährlicher Zinsverrechnung angelegt. Wie hoch ist das Endkapital bei gespaltener unterjähriger Zinsberechnung?

Aufgabe 35

Es werden 10.000 € zu 2,5% Quartalszinsen zinseszinslich angelegt. Nach 6,5 Jahren und 14 Tagen wird das Kapital zurückgefordert. Wie viel Kapital hat sich angesammelt?

Aufgabe 36

Welches Kapital muss man am 25.03.2005 auf einem Konto anlegen, um am 03.11.2013 über 100.000 € verfügen zu können? Der Zinszuschlag erfolgt am 31.12. sowie am 30.06. zu 5% pro Halbjahr; es liegt eine gemischte Verzinsung vor.

Aufgabe 37

Wie hoch muss das Kapital sein, wenn anstatt eines Halbjahreszins der Zinszuschlag täglich zum konformen Zins (10% p.a. effektiv) erfolgt. Die sonstigen Angaben stimmen mit denen aus Aufgabe 36 überein.

Aufgabe 38

Der Abiturient A hat ein Anfangskapital von 200 €, das er zu einem 3%-igen Zinssatz für 4 Jahre bei stetiger Verzinsung anlegt. Über welches Endkapital kann er nach den 4 Jahren verfügen?

Aufgabe 39

Zu welchem Zinssatz muss ein Kapital von 1.000 € über 8 Jahre kontinuierlich verzinst werden, damit es auf 1.500 € anwächst?

D RENTENRECHNUNGEN

1 Systematisierung von Rentenvorgängen

Der Begriff Rentenrechnung der Finanzmathematik entspricht nicht dem Begriff der Rente im allgemeinen Sprachgebrauch als Entgelt aus der Sozialversicherung für die Absicherung des Lebensunterhaltes im Alter oder im Falle einer Erwerbsunfähigkeit bzw. -minderung. Vielmehr werden in der Finanzmathematik im Rahmen der Rentenrechnung nur Zahlungsvorgänge betrachtet, die in vorgegebener Höhe periodisch wiederkehren. Dabei wird als **Rente** die **Gesamtheit aller Zahlungen**, eine **einzelne Zahlung** als **Rentenrate** oder kurz als **Rate** bezeichnet. Bei den Zahlungsvorgängen kann sich um Einzahlungen oder um Auszahlungen handelt, die in gleichbleibenden Zeitabständen stets in gleicher Höhe anfallen, so dass bei der Rentenrechnung auch von **äquidistanten, uniformen Zahlungsfolgen** gesprochen wird.

Typische Zahlungsmuster von Rentenvorgängen sehen so aus, dass aus einem bestimmten, in t = 0 vorhandenen **Kapitalstock** über n Jahre jeweils eine bestimmte Rentenrate r gezahlt wird, oder dass über n Jahre jeweils eine bestimmte Rentenrate r eingezahlt wird, um nach n Jahren über einen gewünschten Betrag (= **Sparziel**) verfügen zu können (siehe Abb. 18).

Der Kapitalstock kann auch als der Barwert interpretiert werden, der aus der Abzinsung aller zukünftigen Rentenraten auf den Zeitpunkt t = 0 resultiert. Im Folgenden wird dieser als **Rentenbarwert** bezeichnet. Das Sparziel dagegen lässt sich als Endwert ausdrücken, der sich durch Aufzinsen aller Rentenraten auf den Zeitpunkt t = n ergibt. Im Folgenden wird dieser **Rentenendwert** genannt. Wie schon im Rahmen der Zinsrechnungen (Kapitel C) kann auch der (Renten-) Barwert mühelos in einen (Renten-) Endwert transformiert werden und vice versa.

Wegen der Vielzahl möglicher Varianten erscheint es wiederum notwendig, eine **Systematisierung** von Rentenvorgängen vorzunehmen. Dabei lassen sich insgesamt acht Merkmale mit jeweils verschiedenen Merkmalsausprägungen unterscheiden:

(1) (Gesamt-) Länge des Rentenvorgangs
(2) Länge der Periode, nach der sich die Rentenzahlung wiederholt

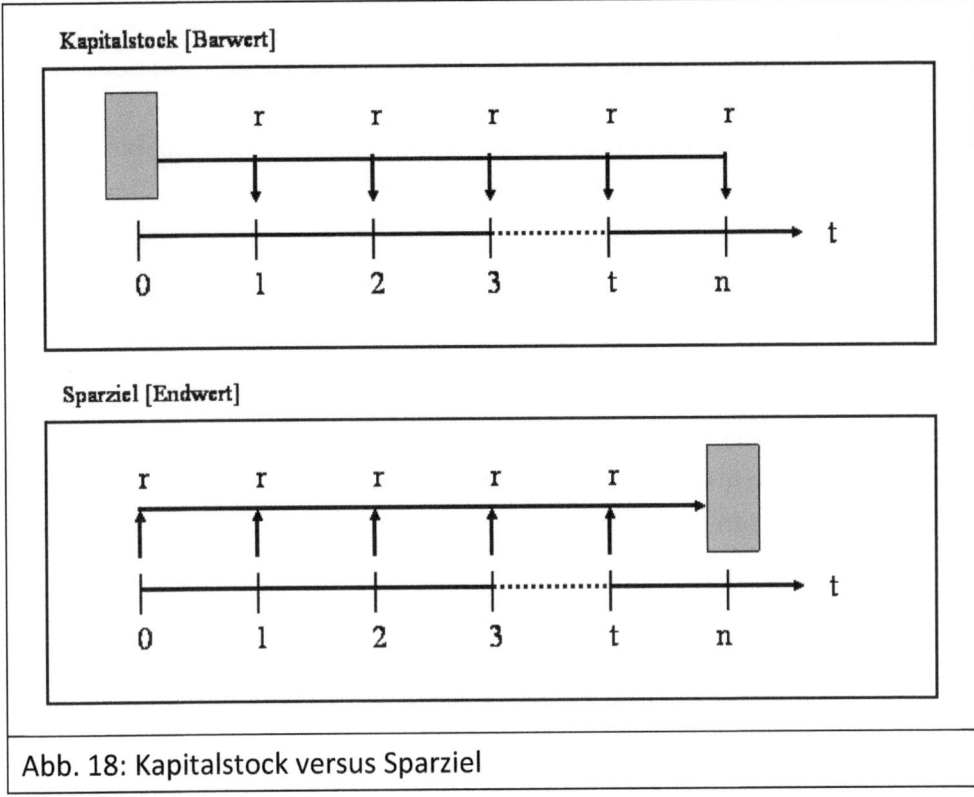

Abb. 18: Kapitalstock versus Sparziel

(3) Zeitpunkt der Fälligkeit der Rentenzahlung
(4) Länge der Zinsperiode
(5) Verhältnis von Renten- zur Zinsperiode
(6) Zeitpunkt der Zinsfälligkeit
(7) Behandlung der berechneten Zinsen
(8) Entwicklung der Rentenraten im Zeitablauf

Es wird unterschieden

Ad (1): nach der (Gesamt-) **Länge des Rentenvorgangs**

- **endliche Renten**
  Die Rente wird über einen begrenzten und bekannten Zeitraum gezahlt.
- **ewige Renten**
  Die Rente wird über einen unbegrenzten Zeitraum gezahlt.

Ad (2): nach dem **Zeitraum, nach dem sich die Rentenzahlung wiederholt**

- **jährliche Renten**
  Im Abstand eines Jahres wird jeweils eine Rentenrate gezahlt.
- **unterjährige Renten**
  Die Rentenraten werden mehrfach pro Jahr in gleichbleibenden Zeitabständen (z.B. halbjährlich, vierteljährlich oder monatlich) gezahlt.

Ad (3): nach dem **Zeitpunkt der Fälligkeit der Rentenzahlung**

- **vorschüssige Renten(zahlungen)**
  Bei dieser Variante werden die Rentenzahlungen jeweils zu Beginn einer jeden Rentenperiode fällig (etwa bei Mietzahlungen oder Dienstbezügen von Beamten).
- **nachschüssige Renten(zahlungen)**
  In diesem Fall werden die Rentenzahlungen jeweils am Ende einer jeden Rentenperiode fällig (etwa bei Gehaltszahlungen).

Ad (4): nach der **Länge der Zinsperiode**

- **jährliche Verzinsung**
  Die eingezahlten Rentenraten oder das angesammelte Kapital werden bzw. wird jährlich verzinst.
- **unterjährige Verzinsung**
  Die eingezahlten Rentenraten oder das angesammelte Kapital werden bzw. wird unterjährig (z.B. vierteljährig) verzinst.

Ad (5): nach dem **Verhältnis von Renten- zur Zinsperiode**

- **identische Periodenlängen**
  Renten- und Zinsperiode stimmen zeitlich überein, d.h. etwa jährliche Rentenzahlung bei jährlicher Verzinsung.
- **divergente Periodenlängen**
  Renten- und Zinsperiode fallen zeitlich auseinander, d.h. etwa monatliche Rentenzahlung bei jährlicher Verzinsung.

Ad (6): nach dem **Zeitpunkt der Zinsfälligkeit**

- **vorschüssige Zinsen**
  Die Zinsen werden vor der jeweiligen Kapitalüberlassung fällig, d.h. jeweils zu Beginn einer Zinsperiode.

- **nachschüssige Zinsen**
  Die Zinsen werden jeweils nach erfolgter Kapitalüberlassung, d.h. jeweils am Ende der Zinsperiode, fällig.

Ad (7): nach der **Behandlung der berechneten Zinsen**
- **einfache Zinsen**
  Zinsen werden bei der Berechnung von Zinsen nicht berücksichtigt.
- **Zinseszinsen**
  Auf Zinsen werden ab der zweiten Periode auch Zinseszinsen angerechnet.[10]

Ad (8): nach der **Entwicklung der Rentenraten im Zeitablauf**
- **konstante Rentenraten**
  Die Höhe der Rentenrate verändert sich im Zeitablauf nicht.
- nach einem arithmetischen oder geometrischen Bildungsgesetz **fortschreitende Rentenraten**
  Die Rentenraten steigen oder sinken im Zeitablauf um einen bestimmten Betrag oder um einen bestimmten Faktor (Quotienten). Im ersten Fall handelt es sich um **arithmetisch** fortschreitende, im zweiten Fall um **geometrisch** fortschreitende Renten.

Im Folgenden werden Rentenvorgänge betrachtet, auf die wechselweise aus jedem der acht Merkmale jeweils eine Merkmalsausprägung zutrifft. Lediglich bezüglich des Merkmals (6) wird wiederum auf die Betrachtung vorschüssig fälliger Zinsen verzichtet.[11]

Typische Fragestellungen der Rentenrechnung lauten:
- Wie hoch müssen die einzelnen Rentenraten sein, um ein vorgegebenes Sparziel (= Endwert) zu erreichen?

---

[10] Auf die gesonderte Betrachtung einer gespaltenen Zinsberechnung wird verzichtet. Die Methode gespaltener Zinsen wird jedoch benötigt, um unterperiodige Rentenraten mit Hilfe einfacher Zinsen in periodische Zahlungen zu transformieren.

[11] Siehe Kapitel C. 1, S. 45.

- Welchen Wert hat eine Rente einschließlich Zinseszinsen zu einem bestimmten Zeitpunkt?
- Wie lange ist die Laufzeit einer Rente bis der vorgegebene Kapitalstock aufgezehrt ist?
- Wie lange muss die Laufzeit sein, um ein vorgegebenes Sparziel zu erreichen?
- Wie hoch muss der Zinssatz sein, um bei konstanter Ratenzahlung ein vorgegebenes Sparziel zu erreichen?
- ...

In diesem Kapitel werden zunächst endliche, danach ewige Renten betrachtet. Im Falle der endlichen Renten wird differenziert zwischen jährlichen und unterjährigen Rentenzahlungen, die vorschüssig oder nachschüssig geleistet werden. Im Falle der ewigen Renten werden nur noch jährliche Rentenzahlungen unterstellt, die vor- oder nachschüssig anfallen. Eine Unterteilung der Zeitachse in unterjährige Perioden unterbleibt. Angesichts des unendlichen Planungszeitraums einer ewigen Rente erscheint die Vernachlässigung unterjähriger Perioden akzeptabel, zumal es einfach möglich ist, aus den jährlichen Zahlungen adäquate unterjährige Zahlungen abzuleiten und vice versa. Nach Betrachtung der eigentlichen Rentenrechnung mit konstanten Raten wird diese anschließend erweitert um den Fall fortschreitender Renten. Obwohl es sich dabei dann nicht mehr um uniforme Zahlungsfolgen handelt, können derartige Zahlungsfolgen mit dem Instrumentarium der Rentenrechnung bearbeitet werden, sofern die Rentenraten im Zeitablauf einem bestimmten **Bildungsgesetz** folgen. Konkret werden zunächst geometrisch und dann arithmetisch fortschreitende Renten betrachtet.

2 Endliche Renten

2.1 Jährliche Rentenzahlungen

2.1.1 Vorschüssige Rentenzahlungen

Im Falle der jährlichen Rentenzahlungen muss zunächst geklärt werden, ob diese vor- oder nachschüssig anfallen. Um die beiden Varianten unterscheiden zu können, sei folgende Abbildung herangezogen:

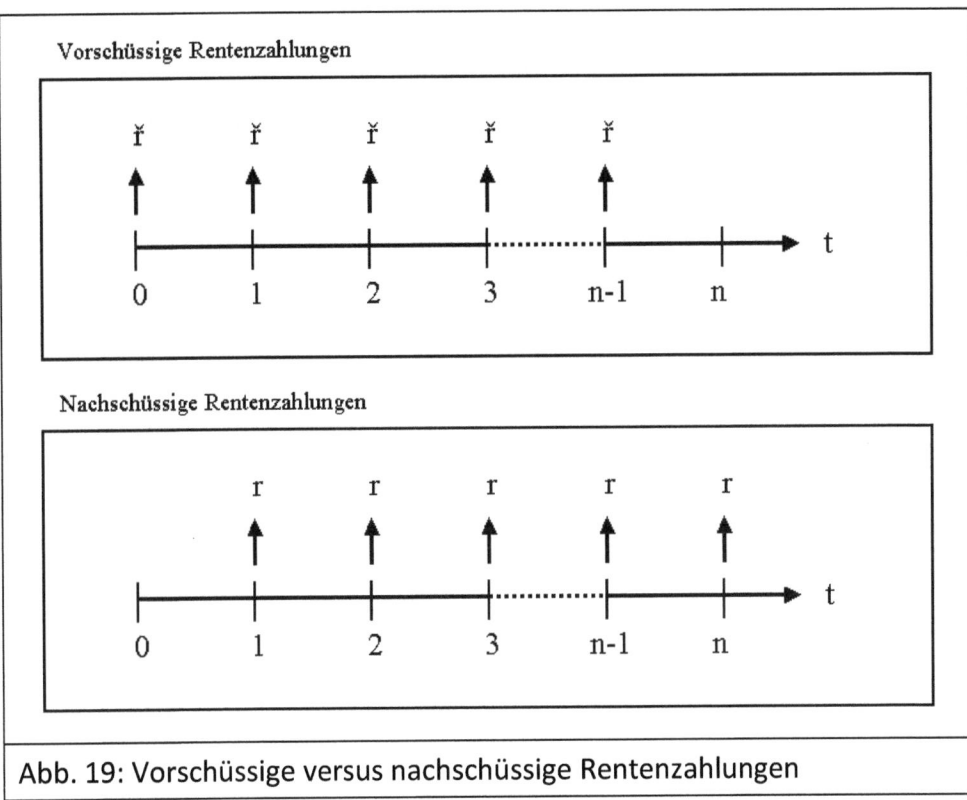

Abb. 19: Vorschüssige versus nachschüssige Rentenzahlungen

Die Abbildung zeigt im oberen Teil die **vorschüssige** jährliche Zahlungsweise von Rentenraten, im unteren Teil die **nachschüssige**. Um beide im Folgenden eindeutig voneinander unterscheiden zu können, wird das Symbol r für die einzelne Rentenrate bei nachschüssiger, ř bei vorschüssiger Zahlungsweise verwendet. Die Schlange über dem eigentlichen Symbol zeigt damit an, dass es sich um die vorschüssige Zahlungsweise handelt. Von dieser Zahlungsweise sei zunächst ausgegangen, die nachschüssige Zahlungsweise wird in Abschnitt D.2.1.2 betrachtet.

Ausgangssituation:
Über einen **endlichen Zeitraum** wird aus einem Kapital (Rentenbarwert $RBW^v_{n,i}$), das zinseszinslich angelegt ist, jeweils zu Beginn eines Jahres (siehe Abb. 19) eine bestimmte Rentenrate ř gezahlt bzw. es wird jährlich eine bestimmte Rate ř eingezahlt, um am Ende ein bestimmtes Endkapital (Rentenendwert $REW^v_{n,i}$) zu erhalten (siehe auch Abb. 18).

Symbole:

ř	=	vorschüssige jährliche Rentenrate	[€]
$RBW^v_{n,i}$	=	vorschüssiger Rentenbarwert über n Jahre beim Zinssatz i	[€]
$REW^v_{n,i}$	=	vorschüssiger Rentenendwert über n Jahre beim Zinssatz i	[€]
q	=	Auf- bzw. Abzinsungsfaktor (q = 1 + i)	[o.D.]
i	=	(nomineller) Jahreszinssatz	[% / Jahr]
n	=	Laufzeit der Rentenzahlungen (t = 1, ..., n)	[Jahre]

Um den Gesamtwert einer Rente zum Ende des Rentenvorgangs, d.h. das Sparziel oder den Endwert des Rentenvorgangs (kurz Rentenendwert) zu ermitteln, müssen die einzelnen Rentenzahlungen auf den Zeitpunkt t = n aufgezinst werden. Es ergibt sich, beginnend mit der letzten Rate, die im vorschüssigen Fall auf das Jahresende aufzuzinsen ist:

$$REW^v_{n,i} = \tilde{r} \cdot q + \tilde{r} \cdot q^2 + \cdots + \tilde{r} \cdot q^n \qquad \text{und durch Ausklammern}$$

$$REW^v_{n,i} = \tilde{r} \cdot [q + q^2 + \cdots + q^n]$$

In der Klammer handelt es sich um eine geometrische Reihe mit dem Anfangsglied $a_1 = q$, dem konstanten Faktor $q^* = q = (1 + i)$ und $n^* = n$ Gliedern.

Mit Hilfe der Summenformel (B.6) ergibt sich für den Klammerausdruck:

$$S^* = a_1 \cdot \frac{q^{*^{n^*}} - 1}{q^* - 1} = q \cdot \frac{q^n - 1}{q - 1} \qquad \text{und damit für den Rentenendwert}$$

$$REW^v_{n,i} = \tilde{r} \cdot q \cdot \frac{q^n - 1}{q - 1} \qquad \text{vorschüssige Rentenendwertformel} \qquad \text{(D.1)}$$

Hinweis:

Um den Endwert einer beliebigen Zahlungsfolge zu ermitteln, muss jede Zahlung individuell auf das Laufzeitende aufgezinst werden. Damit ergibt sich der Endwert (EW) gemäß folgender Formel:

$$EW = r_1 \cdot q^n + r_2 \cdot q^{n-1} + \cdots + r_n \cdot q$$

Bei einer Vielzahl unterschiedlich hoher Zahlungen ist die Ermittlung des Endwertes EW gemäß dieser Formel sehr aufwendig. Wenn – wie bei der Rentenrechnung – alle Zahlungen gleich hoch sind, kann auf das individuelle Aufzinsen verzichtet und mit Hilfe der obigen Formel der Rentenendwert einfach über die Summenformel für geometrische Reihen ermittelt werden.

Formel (D.1) wird als **vorschüssige Rentenendwertformel** bezeichnet. Der Faktor, mit dem die vorschüssige Rentenrate multipliziert wird, trägt einen eigenen Namen, nämlich **vorschüssiger Rentenendwertfaktor** $REF^v_{n,i}$. In der Vor-Taschenrechnerzeit waren solche Faktoren in gedruckter Form tabelliert, so dass der Anwender nur die problemspezifische Rentenrate mit dem tabellierten Wert, der unabhängig von der konkreten Problemsituation für bestimmte Kombinationen von n und i stets gilt, multiplizieren musste.[12]

$$REF^v_{n,i} = q \cdot \frac{q^n - 1}{q - 1} \qquad \text{vorschüssiger Rentenendwertfaktor} \qquad (D.2)$$

Beispiel:

Jemand zahlt 5 Jahre lang jährlich vorschüssig jeweils 1.000 € auf ein Sparkonto ein, das mit 10% Zinsen p.a. vergütet wird. Auf welchen Betrag wächst das Kapital bis zum Ende des 5. Jahres an?

$$REW^v_{n,i} = \tilde{r} \cdot q \cdot \frac{q^n - 1}{q - 1} = 1.000 \cdot 1,1 \cdot \frac{1,1^5 - 1}{1,1 - 1} = 6.715,61 \text{ €}$$

Am Ende des 5. Jahres beläuft sich das Kapital auf 6.715,61 €.

Interessiert nicht der Endwert (das Sparziel), sondern der Kapitalstock in t = 0, aus dem die Rente zu finanzieren ist, muss der Barwert des Rentenvorgangs (kurz Rentenbarwert) bestimmt werden. Dieses lässt sich einfach durch Abzinsen des Rentenendwertes bewerkstelligen.

$$RBW^v_{n,i} = \frac{REW^v_{n,i}}{q^n} = \tilde{r} \cdot \frac{q}{q^n} \cdot \frac{q^n - 1}{q - 1} \qquad \text{(durch Kürzen des 1. Bruches)}$$

$$RBW^v_{n,i} = \tilde{r} \cdot \frac{1}{q^{n-1}} \cdot \frac{q^n - 1}{q - 1} \qquad \text{vorschüssige Rentenbarwertformel} \qquad (D.3)$$

Die **vorschüssige Rentenbarwertformel** setzt sich analog zur Endwertformel aus einer problemspezifischen Rentenrate ř sowie einen problemunabhängi-

---

[12] Entsprechende Tabellen sind in Matrizenform in zahlreichen finanzmathematischen Lehrbüchern abgedruckt. Die einzelnen Spalten sind für verschiedene Zinssätze definiert, die Zeilen für unterschiedliche Laufzeiten. In der Matrix ist der jeweilige Faktor (hier der vorschüssige Rentenendwertfaktor) für alternative Werte von i bzw. n angegeben.

gen (tabellierten) Faktor, hier der **vorschüssige Rentenbarwertfaktor**, multiplikativ zusammen.

$$RBF_{n,i}^{v} = \frac{1}{q^{n-1}} \cdot \frac{q^n - 1}{q - 1} \qquad \text{vorschüssiger Rentenbarwertfaktor} \qquad (D.4)$$

Beispiel:

Jemand möchte 5 Jahre lang jährlich vorschüssig jeweils 1.000 € von seinem Sparkonto abheben, das mit 10% Zinsen p.a. vergütet wird. Welchen Betrag müsste er in t = 0 auf das Sparbuch einzahlen, um aus diesem Kapital und den anfallenden Zinsen die jährliche Rente finanzieren zu können?

$$RBW_{n,i}^{v} = \tilde{r} \cdot \frac{1}{q^{n-1}} \cdot \frac{q^n - 1}{q - 1} = 1.000 \cdot \frac{1}{1,1^4} \cdot \frac{1,1^5 - 1}{1,1 - 1} = 4.169,87 \text{ €}$$

Auf das Sparbuch müsste ein Betrag von 4.169,87 € eingezahlt werden.

Anmerkung:

Wird der Barwert von 4.169,87 € mit q^5 multipliziert, d.h. um 5 Jahre aufgezinst, ergibt sich der obige Endwert von 6.715,61 €. Wird der Endwert von 6.715,61 € mit q^{-5} multipliziert, d.h. um 5 Jahre abgezinst, ergibt sich der Barwert von 4.169,87 €.

Konsequenz:

Barwert und Endwert sind keine unabhängigen Zielgrößen, sondern lassen sich durch Multiplikation mit einem konstanten Faktor q^n bzw. q^{-n} (d.h. durch *Lineartransformation*) ineinander überführen.

In den Formeln (D.1) und (D.3) zur Bestimmung des Rentenend- bzw. -barwertes treten jeweils vier Größen auf. Davon müssen wiederum drei Größen bekannt sein, [13] um die Gleichung nach der verbleibenden vierten Größe auflösen zu können. Damit lassen sich mögliche Aufgaben einer der Zeilen von Tab. 8 zuordnen.

Während die gesuchte Größe in den Fällen 1 und 2 durch einfache algebraische Umformungen ermittelt werden kann, muss die Bestimmungsgleichung für n in Fall 4 logarithmiert werden. Problematisch ist Fall 3. Da sich der gesuchte Zinssatz i bzw. der Auf- und Abzinsungsfaktor q nicht isolieren lässt,

---

[13] Siehe S. 49.

Fall	zu berechnen	bekannt
1	Rentenendwert REW oder Rentenbarwert RBW	Rentenrate r, Zinssatz i, Rentenlaufzeit n
2	Rentenrate r	REW oder RBW, Zinssatz i, Rentenlaufzeit n
3	Zinssatz i	REW oder RBW, Rentenrate r, Rentenlaufzeit n
4	Rentenlaufzeit n	REW oder RBW, Rentenrate r, Zinssatz i

Tab. 8: Fälle bzw. Aufgabentypen bei endlichen jährlichen Renten

muss eine **Näherungslösung** gefunden werden. Darauf sei an dieser Stelle noch verzichtet[14] und stattdessen auf die oben angeführten tabellierten Werte zurückgegriffen.

Bekannt seien gemäß Fall 3 der Tab. 8 das Sparziel bzw. der $REW^v_{n,i}$, die Rentenrate r sowie die Laufzeit der Rente n. Entsprechend ist die Formel für den vorschüssigen Rentenendwert nach dem gesuchten Zinssatz i bzw. dem Zinsfaktor q umzustellen. Es ergibt sich:

$$REW^v_{n,i} = \tilde{r} \cdot q \cdot \frac{q^n - 1}{q - 1} \quad \rightarrow \quad \frac{REW^v_{n,i}}{\tilde{r}} = q \cdot \frac{q^n - 1}{q - 1} = REF^v_{n,i}$$

Beispiel:
Jemand möchte nach 47 Jahren seine Lebensversicherung in Höhe von 1.000.000 € ausgezahlt bekommen. Bei welchem Zinssatz reicht dafür eine Ansparrate von 3.912,91 €, die jährlich vorschüssig eingezahlt wird?

$$\frac{1.000.000}{3.912,91} = REF^v_{47,i} = 255,5643$$

Aus der Tabelle für den vorschüssigen Rentenendwertfaktor (Tab. 9) ergibt sich bei einer Laufzeit von n = 47 Jahren ein Zinssatz in Höhe von rund i = 6%.

---

[14] Siehe Lösung der Aufgaben 21/27, S. 148 und ausführlich Kapitel F.3, S. 157-161.

Anmerkung:

Wäre statt des Rentenendwertes (Sparziels) der Rentenbarwert (Kapitalstock) bekannt, müsste die Tabelle für den Rentenbarwertfaktor benutzt werden. Alternativ könnte der Rentenbarwert mit q^n multipliziert und Tab. 9 benutzt werden.

n \ i	0,01	0,02	0,03	0,04	0,05	0,06	. . .	0,10
1	1,0100	1,0200	1,0300	1,0400	1,0500	1,0600	. . .	1,1000
2	2,0301	2,0604	2,0909	2,1216	2,1525	2,1836	. . .	2,3100
3	3,0604	3,1216	3,1836	3,2465	3,3101	3,3746	. . .	3,6410
4	4,1010	4,2040	4,3091	4,4163	4,5256	4,6371	. . .	5,1051
5	5,1520	5,3081	5,4684	5,6330	5,8019	5,9753	. . .	6,7156
6	6,2135	6,4343	8,6625	6,8983	7,1420	7,3938	. . .	8,4872
7	7,2857	7,5830	7,8923	8,2142	8,5491	8,8975	. . .	10,4359
8	8,3685	8,7546	9,1591	9,5828	10,0266	10,4913	. . .	12,5795
9	9,4622	9,9497	10,4639	11,0061	11,5779	12,1808	. . .	14,9374
10	10,5668	11,1687	11,8079	12,4864	13,2068	13,9716	. . .	17,5312
. . .	. . .	. . .	. . .	. . .	. . .	. . .	. . .	. . .
47	60,2226	78,3535	103,4084	138,2832	187,0254	255,5645	. . .	959,1723
. . .	. . .	. . .	. . .	. . .	. . .	. . .	. . .	. . .
50	65,1078	86,2710	116,1808	158,7738	219,8154	307,7561	. . .	1.280,2994

Tab. 9: Vorschüssiger Rentenendwertfaktor $REF^v_{n,i}$

2.1.2 Nachschüssige Rentenzahlungen

Ausgangssituation:

Über einen **endlichen Zeitraum** wird aus einem Kapital (Rentenbarwert $RBW^n_{n,i}$), das zinseszinslich angelegt ist, jeweils zum Ende eines Jahres (siehe Abb. 19) eine bestimmte Rentenrate r gezahlt bzw. es wird **jährlich nachschüssig** eine bestimmte Rate r eingezahlt, um am Ende ein bestimmtes Endkapital (Rentenendwert $REW^n_{n,i}$) zu erhalten (siehe auch Abb. 18).

Symbole:

r	= nachschüssige jährliche Rentenrate	[€]
$RBW^n_{n,i}$	= nachschüssiger Rentenbarwert über n Jahre beim Zinssatz i	[€]

$REW^n_{n,i}$ = nachschüssiger Rentenendwert über n Jahre beim Zinssatz i [€]

Um den Gesamtwert einer Rente zum Ende des Rentenvorgangs, d.h. das Sparziel oder den Endwert des Rentenvorgangs (kurz Rentenendwert) zu ermitteln, müssen die einzelnen Rentenzahlungen auf den Zeitpunkt t = n aufgezinst werden. Es ergibt sich, beginnend mit der letzten Rate, die bei nachschüssiger Zahlungsweise nicht mehr auf das Jahresende aufzuzinsen ist, und endend mit der ersten Rate, die bei nachschüssiger Zahlungsweise um (n-1) Jahre auf das Jahr t = n aufzuzinsen ist:

$$REW^n_{n,i} = r + r \cdot q + r \cdot q^2 + \cdots + r \cdot q^{n-1} \qquad \text{und durch Ausklammern}$$

$$REW^n_{n,i} = r \cdot [1 + q + q^2 + \cdots + q^{n-1}]$$

In der Klammer handelt es sich um eine geometrische Reihe mit dem Anfangsglied $a_1 = 1$, dem konstanten Faktor $q^* = q = (1 + i)$ und $n^* = n$ Gliedern.

Mit Hilfe der Summenformel (B.6) ergibt sich für den Klammerausdruck:

$$S^* = a_1 \cdot \frac{q^{*n^*}-1}{q^*-1} = 1 \cdot \frac{q^n-1}{q-1} \qquad \text{und damit für den Rentenendwert}$$

$$REW^n_{n,i} = r \cdot \frac{q^n-1}{q-1} \qquad \text{nachschüssige Rentenendwertformel} \qquad \text{(D.5)}$$

Formel (D.5) wird als **nachschüssige Rentenendwertformel** bezeichnet. Der Faktor, mit dem die nachschüssige Rentenrate multipliziert wird, nennt sich **nachschüssiger Rentenendwertfaktor** $REF^n_{n,i}$.

$$REF^n_{n,i} = \frac{q^n-1}{q-1} \qquad \text{nachschüssiger Rentenendwertfaktor} \qquad \text{(D.6)}$$

Beispiel:

Jemand zahlt 5 Jahre lang jährlich nachschüssig jeweils 1.000 € auf ein Sparkonto ein, das mit 10% Zinsen p.a. vergütet wird. Auf welchen Betrag wächst das Kapital bis zum Ende des 5. Jahres an?

$$REW^n_{5,0,1} = r \cdot \frac{q^n-1}{q-1} = 1.000 \cdot \frac{1,1^5-1}{1,1-1} = 6.105,10 \text{ €}$$

Am Ende des 5. Jahres beläuft sich das Kapital auf 6.105,10 €.

Anmerkung:

Der Rentenendwert für den vorschüssigen Fall in Höhe von 6.715,61 € (siehe Abschnitt D.2.1.1) liegt genau um den Faktor q = 1,1 höher als im nachschüssigen Fall mit 6.105,10 €. Alle Zahlungen finden im vorschüssigen Fall genau ein Jahr früher statt und werden demzufolge um ein Jahr mehr aufgezinst.

Folgende Tabelle zeigt am Beispiel einer Laufzeit von 5 Jahren und einem Zinssatz von 10% p.a. noch einmal die unterschiedlichen Aufzinsungsfaktoren bei vor- bzw. nachschüssigen Rentenzahlungen auf.

Zahlung im Jahr	nachschüssig (Ende)		vorschüssig (Beginn)	
	Verzinsung über ___ Jahre	Aufzinsungs- faktor	Verzinsung über ___ Jahre	Aufzinsungs- faktor
1	4	$1,1^4$	5	$1,1^5$
2	3	$1,1^3$	4	$1,1^4$
3	2	$1,1^2$	3	$1,1^3$
4	1	$1,1^1$	2	$1,1^2$
5	0	$1,1^0$	1	$1,1^1$

Tab. 10: Aufzinsungsfaktoren bei vor- bzw. nachschüssigen Zahlungen

Interessiert nicht der Endwert bzw. das Sparziel des Rentenvorganges, sondern der Kapitalstock in t = 0, aus dem die Rente zu finanzieren ist, muss der Barwert des Rentenvorgangs (kurz Rentenbarwert) bestimmt werden. Dieses lässt sich einfach durch Abzinsen des Rentenendwertes bewerkstelligen.

$$RBW_{n,i}^n = \frac{REW_{n,i}^n}{q^n} = r \cdot \frac{1}{q^n} \cdot \frac{q^n - 1}{q-1}$$

$$RBW_{n,i}^n = r \cdot \frac{1}{q^n} \cdot \frac{q^n - 1}{q-1} \qquad \text{nachschüssige Rentenbarwertformel} \quad (D.7)$$

Die **nachschüssige Rentenbarwertformel** setzt sich analog zur Endwertformel aus einer problemspezifischen Rentenrate r sowie einem problemunabhängigen (tabellierten) Faktor, hier der **nachschüssige Rentenbarwertfaktor**, multiplikativ zusammen.

$$RBF_{n,i}^n = \frac{1}{q^n} \cdot \frac{q^n - 1}{q - 1} \qquad \text{nachschüssiger Rentenbarwertfaktor} \qquad \text{(D.8)}$$

Beispiel:

Jemand möchte 5 Jahre lang jährlich nachschüssig jeweils 1.000 € von seinem Sparkonto abheben, das mit 10% Zinsen p.a. vergütet wird. Welchen Betrag müsste er in t = 0 auf das Sparbuch einzahlen, um aus diesem Kapital und den anfallenden Zinsen die jährlichen Renten finanzieren zu können?

$$RBW_{5,0,1}^n = r \cdot \frac{1}{q^n} \cdot \frac{q^n - 1}{q - 1} = 1.000 \cdot \frac{1}{1,1^5} \cdot \frac{1,1^5 - 1}{1,1 - 1} = 3.790,80 \text{ €}$$

Auf das Sparbuch müsste in t = 0 ein Betrag von 3.790,80 € eingezahlt werden.

Anmerkung:

Wird der Barwert von 3.790,80 € mit q^5 multipliziert, d.h. um 5 Jahre aufgezinst, ergibt sich der obige Endwert von 6.105,10 €. Wird der Endwert von 6.105,10 € mit q^{-5} multipliziert, d.h. um 5 Jahre abgezinst, ergibt sich der Barwert von 3.790,80 €.

Auch in den Formeln (D.5) und (D.7) zur Bestimmung des nachschüssigen Rentenend- bzw. -barwertes treten wiederum vier Größen auf. Davon müssen drei bekannt sein, um die Gleichung nach der verbleibenden vierten Größe aufzulösen. Damit lassen sich mögliche Aufgaben wiederum einer der Zeilen aus Tab. 8 zuordnen.[15]

In Kapitel D.2.1 wurden insgesamt vier verschiedene Rentenfaktoren vorgestellt. Niemand muss diese vier Faktoren auswendig lernen; es reicht völlig aus, einen Faktor zu kennen, weil man aus diesem alle anderen unmittelbar herleiten kann, wie sich anhand der Matrix aus Abb. 19 zeigen lässt.

Ausgangspunkt sei der nachschüssige Rentenendwertfaktor im Feld links oben in Abb. 19. Wird anstatt des nachschüssigen Endwertes der Endwert bei vorschüssiger Zahlungsweise gesucht, muss der nachschüssige Faktor einfach

---

[15] Siehe S. 83.

	nachschüssig	vorschüssig
Endwert (t = n)	$\dfrac{q^n-1}{q-1}$ $\longrightarrow$ $\downarrow$	$\cdot\, q$ (alles eine Periode früher) $\downarrow$
Barwert (t = 0)	$\cdot\, \dfrac{1}{q^n}$ $\longrightarrow$ (Endwert abzinsen)	$\cdot\, \dfrac{q}{q^n} = \dfrac{1}{q^{n-1}}$ (Kombination beider Effekte)

Abb. 19: Rentenfaktoren – kennst du einen, kennst du alle!

mit q multipliziert werden, da alle Zahlungen genau ein Jahr früher erfolgen und somit jede Rentenrate um ein zusätzliches Jahr aufgezinst werden muss (Feld rechts oben).

$$REF_{n,i}^n = \frac{q^n-1}{q-1} \qquad\qquad REF_{n,i}^v = \frac{q^n-1}{q-1} \cdot q$$

Wird statt des nachschüssigen Endwertes der zugehörige Barwert gesucht, ist der Endwert um n Perioden abzuzinsen, um zum Barwert zu gelangen (Feld links unten).

$$REF_{n,i}^n = \frac{q^n-1}{q-1} \qquad\qquad RBF_{n,i}^n = \frac{q^n-1}{q-1} \cdot \frac{1}{q^n}$$

Wird statt des nachschüssigen Endwertes der vorschüssige Barwert gesucht (Feld rechts unten), muss zum einen eine Aufzinsung mit dem Faktor q erfolgen, um aus dem nachschüssigen einen vorschüssigen Endwert abzuleiten, zum andern ist gleichzeitig eine Abzinsung um n Jahre vorzunehmen, um aus dem Endwert den gesuchten Barwert zu bestimmen.

$$REF_{n,i}^n = \frac{q^n-1}{q-1} \qquad\qquad RBF_{n,i}^v = \frac{q^n-1}{q-1} \cdot \frac{1}{q^{n-1}}$$

2.2 Unterjährige Rentenzahlungen

2.2.1 Nachschüssige Rentenzahlungen

Im Fall der unterjährigen Rente werden **mehrmals pro Jahr Rentenraten gezahlt**, meistens vierteljährlich oder monatlich, in seltenen Fällen halbjährlich oder noch seltener täglich. Dabei können die Zahlungen wiederum vor- oder nachschüssig erfolgen, wie folgende Abbildung zeigt.

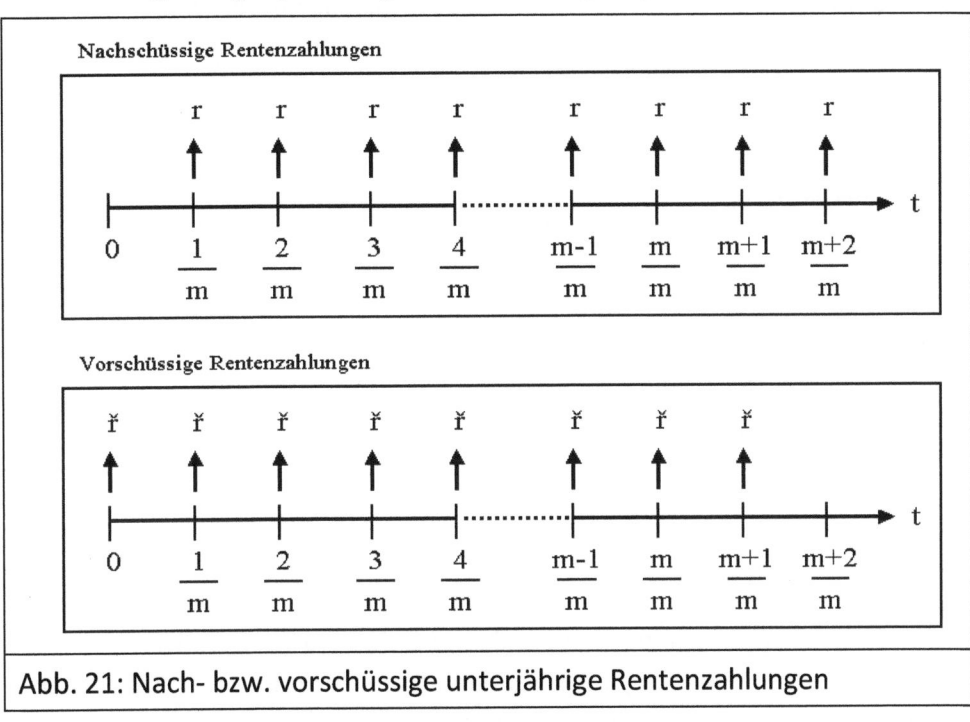

Abb. 21: Nach- bzw. vorschüssige unterjährige Rentenzahlungen

Zunächst sei im Folgenden die **nachschüssige Zahlungsweise** unterstellt, im Folgeabschnitt 2.2.2 wird dann die vorschüssige Variante betrachtet. Bezüglich der Verzinsung der gezahlten Rentenraten können mehrere Fälle unterschieden werden (siehe Abb. 22). Werden Zinsen mehrfach im Jahr berechnet, ist eine Fallunterscheidung hinsichtlich der Dauer von Zins- und Rentenperiode vorzunehmen. Drei Fälle sind gemäß Abb. 22 denkbar: (1) Zins- und Rentenperiode können identisch sein, oder die Zinsperiode erstreckt sich über einen (2) längeren bzw. (3) kürzeren Zeitraum als die Rentenperiode. Da in der Praxis die Zinsen häufig nur einmal im Jahr berechnet werden, sei im Folgenden dieser praxisnahe Fall unterstellt, um die Zahl der zu betrachtenden Varianten wiederum auf die wichtigsten zu beschränken.[16]

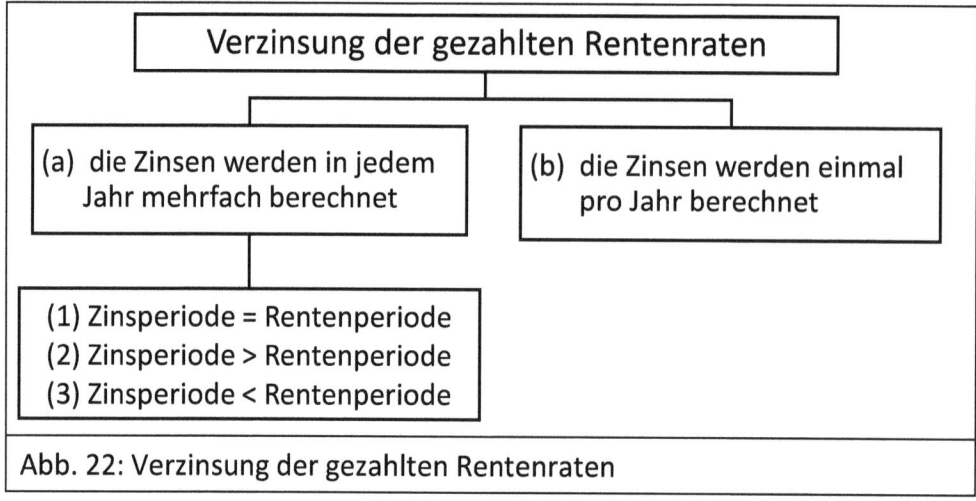

Abb. 22: Verzinsung der gezahlten Rentenraten

Ausgangssituation:

Die Rentenraten werden mehrmals pro Jahr (z.B. vierteljährlich oder monat-lich) nachschüssig gezahlt, wohingegen die Zinsen einmal pro Jahr nachschüs-sig berechnet werden.

Vorgehensweise:

Während die Rentenraten zu verschiedenen Zeitpunkten innerhalb des Jahres gezahlt werden, erfolgt die Zinsberechnung einheitlich einmal am Jahres-ende. Um den unterschiedlichen zeitlichen Anfall der Rentenraten innerhalb des Jahres zu berücksichtigen, muss eine **Transformation der Rentenraten auf das** jeweilige **Jahresende** vorgenommen werden. Diese Transformation sieht so aus, dass der Wert aller Rentenraten des Jahres einschließlich der Zinsen zum Ende eines Jahres ermittelt wird. Dabei wird **innerhalb des Jahres** mit **einfachen Zinsen** gerechnet, **über Jahresgrenzen hinaus** werden **Zinses-zinsen** angesetzt. Betrachtet man jedes Jahr isoliert, ist der Wert aller Ren-tenraten inklusive der unterjährigen Zinsen von Jahr zu Jahr gleich hoch. Der auf das Jahresende aggregierte Wert sei im Folgenden als **jahreskonforme Ersatzrentenrate** r_e bezeichnet.

---

[16] Siehe S. 43.

Erstreckt sich die unterjährige Rente über mehrere Jahre, muss zunächst die jahreskonforme Ersatzrentenrate bestimmt werden. In einem zweiten Schritt kann dann aus der so hergeleiteten jährlichen Rente der Rentenendwert zum Ende des Rentenvorgangs nach der bekannten Rentenendwertformel für den nachschüssigen Fall für r_e ermittelt werden:

$$REW_{n,i}^{n} = r_e \cdot \frac{q^n - 1}{q - 1}$$

Die jahreskonforme Ersatzrentenrate lässt sich wie folgt bestimmen:

$$r_e = r \cdot [1 + i \cdot \frac{m-1}{m}] + r \cdot [1 + i \cdot \frac{m-2}{m}] + \dots + r \cdot [1 + i \cdot \frac{1}{m}] + r$$

Diese Formel ist folgendermaßen zu interpretieren: Um den Wert der ersten Rentenrate zum Ende des Jahres zu bestimmen, müssen neben der Rentenrate selbst (ausgedrückt jeweils durch "1 +") noch die unterjährigen Zinsen hinzugerechnet werden. Angenommen, es handelt sich um eine quartalsweise Rentenzahlung, d.h. m = 4. Die erste Rentenrate des Jahres wird dann am Ende des ersten Quartals gezahlt. Diese Rate muss anschließend über drei Quartale verzinst werden, um ihren Wert am Jahresende zu erhalten, d.h. für diese Rentenrate sind ZInsen für den Zeitraum eines dreiviertel Jahres anzusetzen [(m – 1)/m] = [(4 – 1)/4] = [3/4]. Für die Rentenrate am Ende des zweiten Quartals sind dann Zinsen für ein Halbjahr [(m – 2/m)] = [(4 – 2)/4] = [2/4] zu berechnen usw. Die letzte Rentenrate fällt bei nachschüssiger Zahlungsweise auf das Jahresende, so dass für diese Rate keine Zinsen mehr anzusetzen sind. Deshalb schließt die obige Formel mit dem Term r.

Werden die Klammern ausmultipliziert, ergibt sich:

$$r_e = r + r \cdot i \cdot \frac{m-1}{m} + r + r \cdot i \cdot \frac{m-2}{m} + \dots + r + r \cdot i \cdot \frac{1}{m} + r$$

In der Formel tritt die Rentenrate r insgesamt m mal auf, so dass sich diese zu r · m zusammenfassen lassen.

$$r_e = r \cdot m + r \cdot i \cdot \frac{m-1}{m} + r \cdot i \cdot \frac{m-2}{m} + \dots + r \cdot i \cdot \frac{1}{m}$$

Durch Ausklammern von [(r · i)/m] folgt:

$$r_e = r \cdot m + \frac{r \cdot i}{m} [(m-1) + (m-2) + \dots + 1]$$

In der eckigen Klammer handelt es sich um eine arithmetische Reihe mit dem Anfangsglied $a_1 = m - 1$, der konstanten Differenz $d = -1$ und $n^* = m - 1$ Gliedern.

Mit Hilfe der Summenformel für arithmetische Reihen ergibt sich für den Klammerausdruck:

$$S^* = \sum_{i=1}^{n^*} a_i = n^* \cdot \frac{a_1 + a_{n^*}}{2} = (m-1) \cdot \frac{m-1+1}{2} = \frac{m-1}{2} \cdot m$$

Setzt man diesen Ausdruck für die Klammer ein, folgt:

$$r_e = r \cdot m + \frac{r \cdot i}{m} \cdot \frac{m-1}{2} \cdot m$$

Durch Kürzen von m ergibt sich:

$$r_e = r \cdot m + r \cdot i \cdot \frac{m-1}{2}$$

Durch Ausklammern von r lässt sich die Formel zur Ermittlung der jahreskonformen Ersatzrentenrate wie folgt bestimmen:

$$r_e = r \cdot [m + \frac{i}{2} \cdot (m-1)] \qquad\qquad \text{(D.9)}$$

Beispiel:

Jemand zahlt jeweils am Ende eines Vierteljahres je 1.000 € auf ein Sparbuch. Die Bank verzinst dieses mit 8% p.a. Auf welchen Betrag wächst das Kapital nach 5 Jahren?

(1) Ermittlung der jahreskonformen Ersatzrentenrate

$$r_e = 1.000 \cdot [4 + \frac{0{,}08}{2} \cdot (4 - 1)] = 4.120$$

(2) Ermittlung des Endwertes einer nachschüssigen unterjährigen Rente

$$REW^n_{5,0{,}08} = 4.120 \cdot \frac{1{,}08^5 - 1}{1{,}08 - 1} = 24.170{,}40\ €$$

Interpretation:

Unabhängig davon, ob der Sparer vierteljährlich-nachschüssig 1.000 € oder jährlich-nachschüssig 4.120 € anlegt, wächst sein Endkapital auf 24.170,40 €.

Zur Interpretation von Formeln kann es hilfreich sein, sich mit extremen Situationen zu beschäftigen. Formel (D.9) gilt allgemein, d.h. auch in Extremfällen wie a) i = 0 oder b) m = 1:

a) $r_e = r \cdot [m + \frac{i}{2} \cdot (m\text{-}1)]$ $\rightarrow$ $r_e = r \cdot \left[m + \frac{0}{2} \cdot (m - 1)\right] = r \cdot m$

In einer Welt ohne Zinsen (i = 0) entspricht die jahreskonforme Ersatzrentenrate genau der Summe der einzelnen unterjährigen Rentenraten.

b) $r_e = r \cdot [m + \frac{i}{2} \cdot (m\text{-}1)]$ $\rightarrow$ $r_e = r \cdot \left[1 + \frac{i}{2} \cdot (1 - 1)\right] = r$

Mutiert die unterjährige Zahlungsweise zu einer einzigen jährlichen Zahlung (m = 1), entspricht die jahreskonforme Ersatzrentenrate genau dieser einen Zahlung.

2.2.2 Vorschüssige Rentenzahlungen

Ausgangssituation:

Die Rentenraten werden mehrmals pro Jahr (z.B. vierteljährlich oder monatlich) **vorschüssig** gezahlt, wohingegen die Zinsen einmal pro Jahr nachschüssig berechnet werden.

Vorgehensweise:

Grundsätzlich gibt es zwei Möglichkeiten, die vorschüssigen unterjährigen Rentenraten in eine jahreskonforme Ersatzrentenrate analog zu Abschnitt D.2.2.1 zu transformieren. Entweder werden alle unterjährigen Rentenraten in eine vorschüssige oder in eine nachschüssige jahreskonforme Ersatzrentenrate überführt. Hier wird der zweite Weg gewählt, da sich in diesem Fall eine Formel ergibt, die annähernd identisch ist mit der bereits bekannten Formel für den nachschüssigen Fall, so dass sich beide gut einprägen und interpretieren lassen.

Entsprechend wird im Folgenden wieder der Wert aller Rentenraten des Jahres einschließlich der Zinsen **zum Ende** eines Jahres ermittelt. Auch hier wird innerhalb des Jahres mit einfachen Zinsen gerechnet, über Jahresgrenzen hinaus werden Zinseszinsen angesetzt.

Die jahreskonforme Ersatzrentenrate (bei vorschüssiger Zahlungsweise) lässt sich mit Hilfe folgender Formel bestimmen:

$$\tilde{r}_e = \tilde{r} \cdot \left[1 + i \cdot \frac{m}{m}\right] + \tilde{r} \cdot \left[1 + i \cdot \frac{m-1}{m}\right] + \cdots + \tilde{r} \cdot [1 + i \cdot \frac{1}{m}]$$

Diese Formel ist wie folgt zu interpretieren: Um den Wert der ersten Renten-rate zum Ende des Jahres zu bestimmen, müssen neben der Rentenrate selbst (ausgedrückt jeweils durch "1 +") noch die unterjährigen Zinsen hinzugerech-net werden. Angenommen, es handelt sich um eine quartalsweise Rentenzah-lung, d.h. m = 4. Die erste Rentenrate des Jahres wird dann zu Beginn des ersten Quartals gezahlt. Diese Rate muss anschließend über vier Quartale ver-zinst werden, um ihren Wert am Jahresende zu erhalten, d.h. für diese Ren-tenrate sind Zinsen für das gesamte Jahr anzusetzen [m/m] = [4/4] = [4/4]. Für die Rentenrate zu Beginn des zweiten Quartals sind noch drei Viertel des Jahreszinses [(m−1)/m)] = [(4 − 1)/4] = [3/4] zu berechnen usw. Für die letzte Rentenrate fallen bei vorschüssiger Zahlungsweise noch für ein Quartal Zin-sen an [1/m] = [1/4].

Werden die Klammern ausmultipliziert, ergibt sich:

$$\tilde{r}_e = \tilde{r} + \tilde{r} \cdot i \cdot \frac{m}{m} + \tilde{r} + \tilde{r} + \tilde{r} \cdot i \cdot \frac{m-1}{m} + \ldots + \tilde{r} + \tilde{r} \cdot i \cdot \frac{1}{m}$$

In der Formel tritt die Rentenrate $\tilde{r}$ insgesamt m mal auf, so dass sich diese zu $\tilde{r} \cdot m$ zusammenfassen lassen.

$$\tilde{r}_e = m \cdot \tilde{r} + \tilde{r} \cdot i \cdot \frac{m}{m} + \tilde{r} \cdot i \cdot \frac{m-1}{m} + \ldots + \tilde{r} \cdot i \cdot \frac{1}{m}$$

Durch Ausklammern von $[(\tilde{r} \cdot i)/m]$ folgt:

$$\tilde{r}_e = m \cdot \tilde{r} + \frac{\tilde{r} \cdot i}{m} \cdot [m + (m-1) + \cdots + 1]$$

In der Klammer handelt es sich um eine arithmetische Reihe mit dem Anfangs-glied a_1 = m, der konstanten Differenz d = -1 und n^* = m Gliedern.

Mit Hilfe der Summenformel ergibt sich für den Klammerausdruck:

$$S^* = \sum_{i=1}^{n^*} a_i = n^* \cdot \frac{a_1 + a_{n^*}}{2} = m \cdot \frac{m+1}{2} = \frac{m}{2} \cdot (m + 1)$$

Setzt man diesen Ausdruck für die Klammer ein, folgt:

$$\tilde{r}_e = m \cdot \tilde{r} + \frac{\tilde{r} \cdot i}{m} \cdot \frac{m}{2} \cdot (m + 1)$$

Durch Kürzen von m ergibt sich:

$$\tilde{r}_e = m \cdot \tilde{r} + \frac{\tilde{r} \cdot i}{2} \cdot (m + 1)$$

Durch Ausklammern von r lässt sich die Formel zur Ermittlung der jahreskonformen Ersatzrentenrate wie folgt bestimmen:

$$\tilde{r}_e = \tilde{r} \cdot [m + \frac{i}{2} \cdot (m + 1)] \qquad \text{(D.10)}$$

Beispiel:

Jemand zahlt jeweils zu Beginn eines Vierteljahres je 1.000 € auf ein Sparbuch. Die Bank verzinst dieses mit 8% p.a. Auf welchen Betrag wächst das Kapital nach 5 Jahren?

(1) Ermittlung der jahreskonformen Ersatzrentenrate

$$\tilde{r}_e = 1.000 \cdot [4 + \frac{0,08}{2} \cdot (4 + 1)] = 4.200$$

(2) Ermittlung des Endwertes einer vor(!)schüssigen unterjährigen Rente

$$REW^n_{5,0,08} = 4.200 \cdot \frac{1,08^5 - 1}{1,08 - 1} = 24.639,72 \text{ €}$$

Interpretation:

Unabhängig davon, ob der Sparer vierteljährlich-vorschüssig 1.000 € oder jährlich-nachschüssig 4.200 € anlegt, wächst sein Endkapital auf 24.639,72 €.

Sowohl die Ersatzrentenrate als auch der Rentenendwert sind im vorschüssigen Fall höher als im nachschüssigen (4.200 im Vergleich zu 4.120 € bzw. 24.639,72 zu 24.170,40 €).

Auch hier seien die beiden Extremfälle a) i = 0 oder b) m = 1 betrachtet:

a) $\tilde{r}_e = \tilde{r} \cdot [m + \frac{i}{2} \cdot (m + 1)] \qquad \rightarrow \qquad \tilde{r}_e = \tilde{r} \cdot [m + \frac{0}{2} \cdot (m + 1)] = \tilde{r} \cdot m$

In einer Welt ohne Zinsen (i = 0) entspricht die jahreskonforme Ersatzrentenrate genau der Summe der einzelnen unterjährigen Rentenraten. Es gibt keinen finanziellen Unterschied zwischen einer vorschüssigen und einer nachschüssigen Zahlungsweise.

b) $\tilde{r}_e = \tilde{r} \cdot [m + \frac{i}{2} \cdot (m + 1)] \qquad \rightarrow \qquad \tilde{r}_e = \tilde{r} \cdot \left[1 + \frac{i}{2} \cdot (1 + 1)\right] = \tilde{r} + \tilde{r} \cdot i$

Mutiert die unterjährige Zahlungsweise zu einer einzigen jährlichen Zahlung (m = 1), entspricht bei vorschüssiger Zahlungsweise die jahreskonforme Ersatzrentenrate genau dieser Zahlung zu Jahresbeginn zuzüglich der im Laufe des Jahres anfallenden Zinsen.

Wegen der besonderen Vorgehensweise sei abschließend noch einmal auf die vorschüssige und nachschüssige unterjährige Zahlungsweise vergleichend eingegangen. Im vorliegenden Werk wurde die unterschiedliche Zahlungsweise allein bei der Ermittlung der jahreskonformen Ersatzrentenrate berücksichtigt und in beiden Fällen – egal ob vorschüssig oder nachschüssig – eine Aggregation der unterjährigen Zahlungen auf das **Jahresende** vorgenommen. Damit ist die jahreskonforme Ersatzrentenrate stets auf das Jahresende bezogen. Entsprechend muss bei mehrjährigen Rentenvorgängen dann stets mit der Formel für nachschüssige Renten gearbeitet werden, auch wenn etwa die Zahlungen monatlich vorschüssig erfolgen. Folgende Abbildung zeigt für das obige Beispiel noch einmal deutlich auf, dass die jahreskonforme Ersatzrentenrate bei der hier gewählten Vorgehensweise stets als nachschüssige Rente zu verstehen ist.

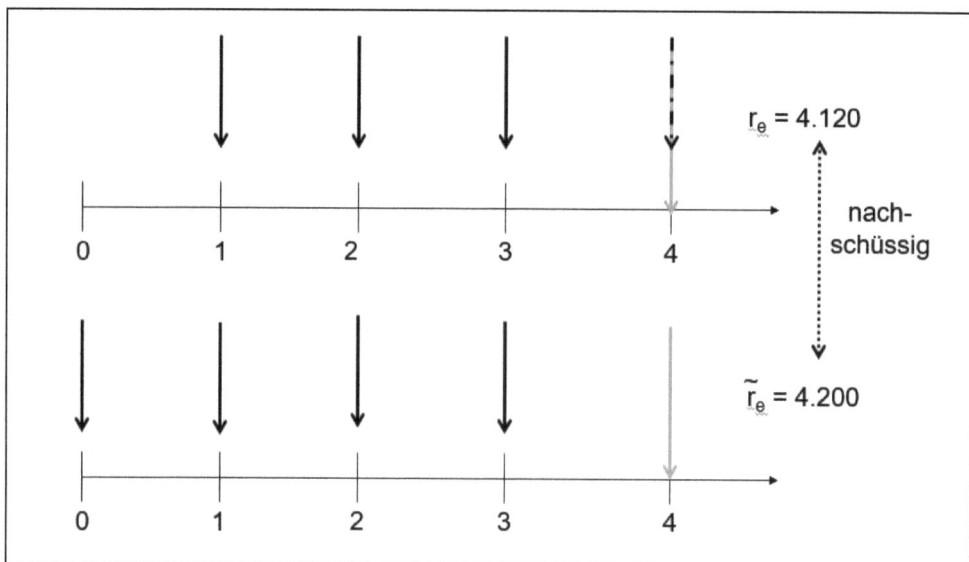

Abb. 23: Jahreskonforme Ersatzrentenrate bei nach- bzw. vorschüssiger Zahlung

Bei einer vierteljährlich vorschüssigen Zahlungsweise von jeweils 1.000 € ergibt sich eine jahreskonforme Ersatzrentenrate von 4.200 €, im nachschüssigen Fall von 4.120 €. Werden die 1.000 € pro Quartal über insgesamt 4 Jahre gezahlt, ergibt sich (in beiden Fällen unter Zuhilfenahme des nachschüssigen Rentenendwertfaktors) ein Rentenendwert bei vorschüssiger Zahlungsweise von 4.200 · 5,8666 = 24.639,72 €, bei nachschüssiger Zahlung von 4.120 · 5,8666 = 24.170,40 €. Die unterschiedliche Zahlungsweise wird also allein bei der Ermittlung der jahreskonformen Ersatzrentenrate berücksichtigt.

Die in diesem Abschnitt gewählte Vorgehensweise, vorschüssige unterjährige Rentenzahlungen in eine nachschüssige jahreskonforme Ersatzrentenrate zu transformieren, wurde oben damit begründet, dass die sich daraus ergebenden Formeln einfacher zu merken und zu interpretieren sind. Ein Vergleich der Formeln zeigt, dass diese bis auf ein Vorzeichen identisch sind und sich somit gut merken lassen:

vorschüssig: $\quad\quad\quad \tilde{r}_e = \tilde{r} \cdot [m + \frac{i}{2} \cdot (m+1)]$

nachschüssig: $\quad\quad\quad r_e = r \cdot [m + \frac{i}{2} \cdot (m-1)]$

Ein Verwechseln der beiden Formeln lässt sich ausschließen, wenn man daran denkt, dass die (nachschüssige) jahreskonforme Ersatzrentenrate bei vorschüssiger Zahlungsweise höher sein muss als im nachschüssigen Fall, weil die Zahlungen früher geschehen. Eine höhere Ersatzrentenrate liefert stets die erste Formel, bei der „m" um „1" erhöht wird, so dass sich auch das Produkt und damit der Klammerausdruck erhöhen. Anders ausgedrückt muss bei vorschüssiger Zahlungsweise die Formel mit dem „+" Zeichen (höherer Wert), bei nachschüssiger die Formel mit dem „-" Zeichen (niedrigerer Wert) verwendet werden.

3 Ewige Renten

3.1 Nachschüssige Rentenzahlungen

Eine ewige Rente liegt vor, wenn ihre **Laufzeit nicht beschränkt** ist. Eine **unendliche Lebensdauer** ist zwar bei natürlichen Personen im Gegensatz zu juristischen Personen (zur Unterscheidung siehe §§ 1 ff. bzw. §§ 21 ff. BGB) undenkbar, trotzdem spielen derartige Zeiträume auch für natürliche Personen eine wichtige Rolle. Beispielsweise wird in der **Theorie der Unternehmensführung** (etwa bei der Zurverfügungstellung von zeitlich unbegrenzt überlassenem Eigenkapital durch den Gründer) als auch im Rechnungswesen (in Form des Going-Concern-Prinzips) standardmäßig von einer unbegrenzt gegründeten Unternehmung ausgegangen. Ein für die Rentenrechnung besonders anschauliches Beispiel sind Stiftungen. Diese verfügen oft über einen bestimmten Kapitalstock, aus dem sie über einen beliebig langen Zeitraum Stipendien oder Preise vergeben. Wenn letztere allein aus den Zinsen finanziert werden, bleibt der Kapitalstock unangetastet und die Stiftung kann unendlich fortgeführt werden.

Bei einer Rechnung mit unendlich langer Perspektive scheint es vertretbar, unterjährige Zahlungsvorgänge zu vernachlässigen und als kürzeste Zeitperiode das Jahr zu unterstellen. Ist im Einzelfall eine genauere Abbildung der Zahlungsvorgänge gewünscht, können die unterjährigen Zahlungen auf den Jahresbeginn oder das Jahresende ab- bzw. aufgezinst werden. Umgekehrt ist es ebenso möglich, jährliche Zahlungen in unterjährige Zahlungen zu transformieren. Auf beides sei im Folgenden jedoch verzichtet.

Auch für den Fall der ewigen Rente werden zunächst nachschüssige, danach vorschüssige Rentenzahlungen betrachtet. Abbildung 24 stellt die beiden Fälle gegenüber.

Typische Fragestellungen der ewigen Rente lauten:
- Wie hoch muss der Kapitalstock in $t = 0$ sein, um eine ewige jährliche Rente in Höhe von r zahlen zu können?
- Wie hoch ist die Rentenrate r im Falle einer ewigen Rente bei einem bestimmten Kapitalstock?
- Welche Verzinsung muss erreicht werden, um aus dem bestehenden Kapitalstock eine bestimmte Rente finanzieren zu können?

Bei ewigen Renten ergibt sich eine Besonderheit im Vergleich zu endlichen Renten. Eine Überführung des Rentenbar– in einen –endwert oder umgekehrt eines Endwertes in einen Barwert durch einen konstanten Faktor q^n ist nicht möglich, da n bei ewigen Renten über alle Grenzen wächst. Aber es macht auch gar keinen Sinn, nach dem Endwert einer ewigen Rente zu fragen. Im Falle positiver Rentenraten **strebt der Endwert einer ewigen Rente stets gegen unendlich**, so dass die Frage unabhängig von der konkreten Datenkonstellation schon beantwortet ist.

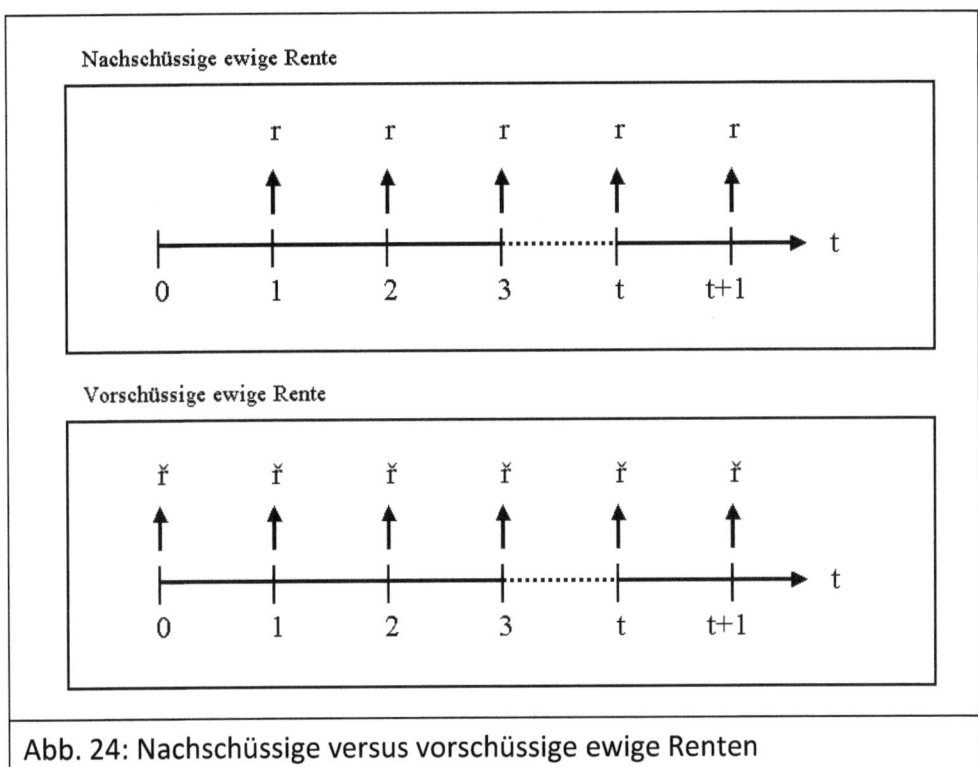

Abb. 24: Nachschüssige versus vorschüssige ewige Renten

Ausgangssituation:

Über einen unendlichen Zeitraum wird aus einem Kapital, das zinseszinslich angelegt ist, jeweils **zum Ende eines Jahres** eine bestimmte Rentenrate r gezahlt.

Um den Barwert bzw. Kapitalstock einer solchen nachschüssigen ewige Rente zu ermitteln, müssen die Rentenzahlungen auf den Zeitpunkt t = 0 abgezinst werden. Es ergibt sich:

$$RBW_{\infty,i}^{n} = r \cdot \frac{1}{q} + r \cdot \frac{1}{q^2} + r \cdot \frac{1}{q^3} + \cdots \qquad \textit{und durch Ausklammern}$$

$$RBW_{\infty,i}^n = r \cdot [\frac{1}{q} + \frac{1}{q^2} + \frac{1}{q^3} + \cdots]$$

In der Klammer handelt es sich um eine unendliche geometrische Reihe mit $a_1 = 1/q$, dem konstanten Faktor $q^* = 1/q$ und $n^* \to \infty$ Gliedern.

Mit der Summenformel für geometrische Reihen (B.6)

$$S^* = a_1 \cdot \frac{q^{*n^*} - 1}{q^* - 1}$$

ergibt sich für $n \to \infty$

$$\lim_{n^* \to \infty} q^{*n^*} = 0 \quad \text{, denn } q^* < 1 \text{, weil } q^* = 1 / q \text{ und } q = 1 + i \text{, mit } i > 0$$

Interpretation: *(von rechts nach links)*

Da der Zinssatz i positiv ist, ist der Auf- bzw. Abzinsungsfaktor q größer als 1. Damit ist der Quotient q* kleiner als 1, aber größer als 0. Wenn q* kleiner als 1 (und größer als 0) ist, wird eine Zahl zwischen 0 und 1 mit einer unendlich großen Zahl n potenziert, so dass die Zahl immer kleiner wird und damit der Grenzwert gegen 0 strebt.

Setzt man diesen Grenzwert in die Summenformel ein, ergibt sich:

$$S^* = a_1 \cdot \frac{0 - 1}{q^* - 1} = a_1 \cdot \frac{1}{1 - q^*}$$

Setzt man für $a_1 = 1 / q$ und für $q^* = 1 / q$ ein, folgt:

$$\lim_{n^* \to \infty} S^* = \frac{1}{q} \cdot \frac{1}{1 - \frac{1}{q}} = \frac{1}{q - 1} = \frac{1}{(1 + i) - i} = \frac{1}{i}$$

Damit ergibt sich für den Rentenbarwert:

$$RBW_{\infty,i}^n = r \cdot [\frac{1}{q} + \frac{1}{q^2} + \frac{1}{q^3} + \cdots] = r \cdot \frac{1}{i} = \frac{r}{i} \tag{D.11}$$

Beispiel:

Jemand möchte eine jährlich nachschüssige ewige Rente von 1.000 € erhalten. Wie hoch muss der Kapitalstock sein bei einer Verzinsung von 8% p.a.?

$$RBW_{\infty,i}^n = \frac{1.000}{0,08} = 12.500$$

Interpretation:
Soll eine jährlich nachschüssige Rente von 1.000 € gezahlt werden, so muss der Kapitalstock in t = 0 mindestens 12.500 € betragen.

Formel (D.11) ist auch als **Maklerformel** bekannt. Um den Wert bzw. Preis einer Eigentumswohnung zu bestimmen, wird als Zähler (r) die Netto-Miete abzüglich aller (substanzerhaltenden) Aufwendungen für Instandhaltung, Wartung und Reparatur (sofern nicht schon bei der Ermittlung der Netto-Miete abgezogen) eingesetzt. Als Nenner (i) kann die **gewünschte Rendite** des Eigentümers angesetzt werden. Würde sich etwa die jährliche Netto-Miete abzüglich der angeführten Aufwendungen, die eine quasi unendliche Nutzung ermöglichten, auf 7.500 € belaufen und hätte der Eigentümer gern eine Rendite von 5%, würde er die Wohnung nicht unter einem Preis von (7.500 / 0,05 =) 150.000 € verkaufen. Auch der **Unternehmenswert** ließe sich approximativ über diese Formel ermitteln. Dazu müsste der durchschnittliche jährliche Einzahlungsüberschuss des Unternehmens als Rente und die gewünschte oder (risikoadäquate) Alternativ-Rendite als Zinssatz in der Formel angesetzt werden.

Ist der Rentenbarwert bzw. Kapitalstock gemäß Formel (D.11) bekannt, kann aus der Formel die maximale ewige Rente bestimmt werden, die sich aus diesem Kapitalstock finanzieren lässt. Dazu muss Formel (D. 11) lediglich nach r umgestellt werden.

Beispiel:
Jemand möchte aus einem Kapitalstock in Höhe von 12.500 € eine ewige jährlich nachschüssige Rente beziehen. Wie hoch kann diese maximal sein, wenn die Verzinsung 8% p.a. beträgt?

$$r = RBW_{\infty,i}^{n} \cdot i = 12.500 \cdot 0{,}08 = 1.000$$

Interpretation:
Als ewige Rente können aus dem Kapitalstock jährlich maximal 1.000 € finanziert werden.

3.2 Vorschüssige Rentenzahlungen

Ausgangssituation:

Über einen unendlichen Zeitraum wird aus einem Kapital, das zinseszinslich angelegt ist, jeweils **zu Beginn eines Jahres** eine bestimmte Rentenrate $\tilde{r}$ gezahlt.

Um den Barwert bzw. Kapitalstock zu ermitteln, müssen die Rentenzahlungen auf den Zeitpunkt t = 0 abgezinst werden. Es ergibt sich:

$$RBW_{\infty,i}^{v} = \tilde{r} + \tilde{r} \cdot \frac{1}{q} + \tilde{r} \cdot \frac{1}{q^2} + \tilde{r} \cdot \frac{1}{q^3} + \cdots \qquad \textit{und durch Ausklammern}$$

$$RBW_{\infty,i}^{v} = \tilde{r} \cdot [1 + \frac{1}{q} + \frac{1}{q^2} + \frac{1}{q^3} + \cdots]$$

In der Klammer handelt es sich um eine unendliche geometrische Reihe mit $a_1 = 1$, dem konstanten Faktor $q^* = 1/q$ und $n^* \to \infty$ Gliedern.

Mit der Summenformel für geometrische Reihen (B.6)

$$S^* = a_1 \cdot \frac{q^{*n^*} - 1}{q^* - 1} \qquad \text{ergibt sich für } n \to \infty \qquad \textit{(siehe oben)}$$

$$\lim_{n^* \to \infty} q^{*n^*} = 0 \quad \text{, denn } q^* < 1 \text{, weil } q^* = 1/q \text{ und } q = 1 + i \text{, mit } i > 0$$

Setzt man diesen Grenzwert in die Summenformel ein, ergibt sich:

$$S^* = a_1 \cdot \frac{0 - 1}{q^* - 1} = a_1 \cdot \frac{1}{1 - q^*}$$

Setzt man für $a_1 = 1$ und für $q^* = 1/q$ ein, folgt:

$$\lim_{n^* \to \infty} S^* = 1 \cdot \frac{1}{1 - \frac{1}{q}} = \frac{1}{\frac{q-1}{q}} = \frac{q}{q - 1} = \frac{1 + i}{(1 + i) - i} = \frac{1 + i}{i} = \frac{1}{i} + 1$$

Damit ergibt sich für den Rentenbarwert:

$$RBW_{\infty,i}^{v} = r \cdot \left[\frac{1}{i} + 1\right] = r + \frac{r}{i} \qquad\qquad (D.12)$$

Beispiel:

Jemand möchte eine jährlich vorschüssige ewige Rente von 1.000 € erhalten. Wie hoch muss der Kapitalstock sein bei einer Verzinsung von 8% p.a.?

$$RBW_{\infty,i}^{v} = 1.000 + \frac{1.000}{0,08} = 13.500$$

Interpretation:

Soll eine jährlich vorschüssige Rente von 1.000 € gezahlt werden, so muss der Kapitalstock in t = 0 mindestens 13.500 € betragen.

Vergleicht man den Barwert der vorschüssigen ewigen Rente mit dem der nachschüssigen, ergibt sich eine Differenz genau in der Höhe einer Rentenrate, und zwar ist der Barwert der vorschüssigen Rente genau um diesen Betrag höher. Schaut man sich Abb. 24 noch einmal an, wird der Unterschied klar. Beide Zahlungsfolgen sind ab Ende von Periode 1 bis in „alle Ewigkeit" identisch, sie unterscheiden sich nur durch die Zahlung im Zeitpunkt t = 0 im vorschüssigen Fall. Um genau diesen Betrag, der in t = 0 anfällt, ist der Rentenbarwert der vorschüssigen Rente höher.

4 Progressive Renten

4.1 Geometrisch fortschreitende Rentenzahlungen

Im Rahmen der Rentenrechnung werden regelmäßig äquidistante, uniforme Zahlungsfolgen betrachtet. Während die **zeitliche Äquidistanz** eine **wesens-immanente Eigenschaft der Rentenrechnung** darstellt, kann auf die **Uniformität der Zahlungsfolge** unter bestimmten Bedingungen verzichtet werden. Sind die einzelnen Zahlungen der Folge zwar nicht konstant, folgen sie aber einer bestimmten Entwicklung, kann unter Umständen das Instrumentarium der Rentenrechnung herangezogen werden. Dieses ist erstrebenswert, um die einzelnen Zahlungen der Folge nicht individuell und damit umständlich auf t = 0 ab- bzw. auf t = n aufzinsen zu müssen. Entwickeln sich die Zahlungen der Folge nach einem geometrischen oder arithmetischen Bildungsgesetz, lässt sich mit Hilfe der Rentenrechnung ein geschlossener Ausdruck für den gesuchten Bar- bzw. Endwert herleiten. Wie dieses funktioniert, wird im Folgenden dargelegt, und zwar werden in diesem Abschnitt geometrisch fortschreitende Rentenzahlungen betrachtet, in Abschnitt 4.2 arithmetisch fortschreitende.

Ausgangssituation:

Bei einer geometrisch fortschreitenden Rente steigen (oder sinken) die Rentenraten, die jeweils jährlich nachschüssig gezahlt werden, von Jahr zu Jahr um einen bestimmten Prozentsatz.

Symbole:

j = Veränderung der Rentenrate (*vorzeichenunbeschränkt*) [%]

f = Progressions- (bzw. Degressions-)faktor der
geometrisch fortschreitenden Rente, mit f = 1 + j [o.D.]

$REW_{n,i}^{gs}$ = Rentenendwert einer geom. fortschreitenden Rente [€]

Steigt (oder sinkt) die Rentenrate von Jahr zu Jahr um den Faktor j, entwickeln sich die Rentenraten wie folgt:

$$r,\ r \cdot (1+j),\ r \cdot (1+j)^2,\ r \cdot (1+j)^3, \dots,\ r \cdot (1+j)^{n-1} \qquad \text{bzw.}$$

$$r,\quad r \cdot f\ ,\qquad r \cdot f^2\ ,\qquad r \cdot f^3\ , \dots,\qquad r \cdot f^{n-1}$$

In Abhängigkeit von j bzw. f sind drei Verläufe denkbar:

j = 0   f = 1   konstante Rentenraten

j > 0   f > 1   steigende Rentenraten

j < 0   f < 1   sinkende Rentenraten

Zur Ermittlung des Rentenendwertes einer nachschüssigen geometrisch fortschreitenden Rente sind die einzelnen Zahlungen auf t = n aufzuzinsen:

$$REW_{n,i}^{gs} = r \cdot q^{n-1} + r \cdot f \cdot q^{n-2} + r \cdot f^2 \cdot q^{n-3} + \dots + r \cdot f^{n-2} \cdot q + r \cdot f^{n-1}$$

Interpretation:

Die erste Rate r fällt zum Ende des 1. Jahres an. Um sie auf den Zeitpunkt t = n zu transformieren, muss sie um (n-1) Jahre aufgezinst werden. Die zweite Rate, die um den Faktor f größer ist als die erste, fällt am Ende des 2. Jahres an. Entsprechend muss sie um (n-2) Jahre aufgezinst werden, um ihren Wert im Zeitpunkt t = n zu bestimmen, usw. Die letzte Rate, die insgesamt (n-1) Steigerungen im Vergleich zur erste Rate erfahren hat (*erste* Steigerung im *zweiten* Jahr), fällt am Ende des Jahres t = n an und ist deshalb nicht mehr zu verzinsen.

Durch Ausklammern von r · q^{n-1} ergibt sich:

$$REW_{n,i}^{gs} = r \cdot q^{n-1} \cdot \left[1 + \frac{f}{q} + \frac{f^2}{q^2} + \cdots + \frac{f^{n-2}}{q^{n-2}} + \frac{f^{n-1}}{q^{n-1}} \right] \qquad \text{bzw.}$$

$$REW_{n,i}^{gs} = r \cdot q^{n-1} \cdot \left[1 + \frac{f}{q} + \left(\frac{f}{q}\right)^2 + \cdots + \left(\frac{f}{q}\right)^{n-2} + \left(\frac{f}{q}\right)^{n-1} \right]$$

In der Klammer handelt es sich um eine geometrische Reihe mit dem Anfangsglied $a_1 = 1$, dem konstanten Quotienten $q^* = (f / q)$ und $n^* = n$ Gliedern.

Mit Hilfe der Summenformel für geometrische Reihen (B.6) ergibt sich für den Klammerausdruck:

$$S^* = a_1 \cdot \frac{q^{*n^*} - 1}{q^* - 1} = 1 \cdot \frac{\left(\frac{f}{q}\right)^n - 1}{\frac{f}{q} - 1}$$

Setzt man diesen Ausdruck für die Klammer ein, folgt:

$$REW_{n,i}^{gs} = r \cdot q^{n-1} \cdot \frac{\left(\frac{f}{q}\right)^n - 1}{\frac{f}{q} - 1} = r \cdot \frac{q^{n-1} \cdot \frac{f^n}{q^n} - q^{n-1}}{\frac{f-q}{q}} = r \cdot \frac{\left(\frac{f^n}{q} - q^{n-1}\right) \cdot q}{f - q}$$

Durch Ausmultiplizieren der Klammer ergibt sich:

$$REW_{n,i}^{gs} = r \cdot \frac{f^n - q^n}{f - q} \qquad\qquad (D.13)$$

Beispiel:
Jemand bezieht eine nachschüssige Rente über 10 Jahre. Die erste Rentenrate beträgt 4.000 € und wird jährlich um 4% angehoben. Welchen Endwert weist diese Rente bei einem Zinssatz von 6% p.a. auf?

$$REW_{10,0,06}^{gs} = 4.000 \cdot \frac{1,04^{10} - 1,06^{10}}{1,04 - 1,06} = 4.000 \cdot 15,53 = 62.120,68 \text{ €}$$

Interpretation:
Die Rente weist einen Endwert von 62.120,68 € auf.

4.2   Arithmetisch fortschreitende Rentenzahlungen

Ausgangssituation:

Bei einer arithmetisch fortschreitenden Rente steigen (oder sinken) die Rentenraten, die jeweils jährlich nachschüssig gezahlt werden, von Jahr zu Jahr um einen bestimmten Betrag.

Symbole:

d = Veränderungsbetrag der Rentenrate (*vorzeichenunbeschränkt*)   [€]

$RBW_{n,i}^{as}$ = Rentenbarwert einer arithmetisch fortschreitenden Rente [€]

Steigt (oder sinkt) die Rentenrate von Jahr zu Jahr um den Betrag d, entwickeln sich die Rentenraten wie folgt:

$$r, \; r + d, \; r + 2 \cdot d, \; r + 3 \cdot d, \dots , \; r + (n-1) \cdot d$$

In Abhängigkeit von d sind drei Verläufe denkbar:

d = 0   konstante Rentenraten

d > 0   steigende Rentenraten

d < 0   sinkende Rentenraten

Zur Ermittlung des Rentenbarwertes einer nachschüssigen arithmetisch fortschreitenden Rente sind die einzelnen Zahlungen auf t = 0 abzuzinsen:

$$RBW_{n,i}^{as} = r \cdot \frac{1}{q} + (r + d) \cdot \frac{1}{q^2} + (r + 2 \cdot d) \cdot \frac{1}{q^3} + \cdots + [r + (n-1) \cdot d] \cdot \frac{1}{q^n}$$

Interpretation:

Die erste Rate r fällt zum Ende des 1. Jahres an. Um sie auf den Zeitpunkt t = 0 zu transformieren, muss sie um ein Jahr abgezinst werden. Die zweite Rate, die um den Betrag d größer ist als die erste, fällt am Ende des 2. Jahres an. Entsprechend muss sie um 2 Jahre abgezinst werden, um ihren Wert im Zeitpunkt t = 0 zu bestimmen, usw. Die letzte Rate, die insgesamt (n-1) Steigerungen im Vergleich zur erste Rate erfahren hat (*erste* Steigerung im *zweiten* Jahr), fällt am Ende des Jahres t = n an und ist deshalb um n Jahre abzuzinsen.

Durch Ausmultiplizieren der Klammern ergibt sich:

$$RBW_{n,i}^{as} = r \cdot \frac{1}{q} + r \cdot \frac{1}{q^2} + d \cdot \frac{1}{q^2} + r \cdot \frac{1}{q^3} + 2 \cdot d \cdot \frac{1}{q^3} + \cdots + r \cdot \frac{1}{q^n} + (n-1) \cdot d \cdot \frac{1}{q^n}$$

Durch die Linksanordnung aller additiven Elemente, die das Symbol r beinhalten, folgt:

$$RBW_{n,i}^{as} = r \cdot \frac{1}{q} + r \cdot \frac{1}{q^2} + r \cdot \frac{1}{q^3} + \cdots + r \cdot \frac{1}{q^n} + d \cdot \frac{1}{q^2} + 2 \cdot d \cdot \frac{1}{q^3} + \cdots + (n-1) \cdot d \cdot \frac{1}{q^n}$$

Der schattierte Bereich der Gleichung entspricht dem Rentenbarwert einer konstanten nachschüssigen jährlichen Rente gemäß Gleichung (D.7). Entsprechend ergibt sich der RBW einer arithmetisch fortschreitenden Rente zu:

$$RBW_{n,i}^{as} = RBW_{n,i}^{n} + d \cdot \frac{1}{q^2} + 2 \cdot d \cdot \frac{1}{q^3} + \cdots + (n-1) \cdot d \cdot \frac{1}{q^n}$$

und damit

$$RBW_{n,i}^{as} - RBW_{n,i}^{n} = d \cdot \frac{1}{q^2} + 2 \cdot d \cdot \frac{1}{q^3} + \cdots + (n-1) \cdot d \cdot \frac{1}{q^n}$$

Wird diese Gleichung mit 1/q multipliziert, ergibt sich:

$$\frac{RBW_{n,i}^{as} - RBW_{n,i}^{n}}{q} = d \cdot \frac{1}{q^3} + 2 \cdot d \cdot \frac{1}{q^4} + \cdots + (n-1) \cdot d \cdot \frac{1}{q^{n+1}}$$

Wird letztere Gleichung von der vorhergehenden abgezogen, ergibt sich:

$$\left(RBW_{n,i}^{as} - RBW_{n,i}^{n}\right) \cdot \frac{q-1}{q} = d \cdot \frac{1}{q^2} + d \cdot \frac{1}{q^3} + \cdots + d \cdot \frac{1}{q^n} - (n-1) \cdot d \cdot \frac{1}{q^{n+1}}$$

Dann wird diese Gleichung mit q multipliziert:

$$\left(RBW_{n,i}^{as} - RBW_{n,i}^{n}\right) \cdot (q-1) = d \cdot \frac{1}{q} + d \cdot \frac{1}{q^2} + \cdots + d \cdot \frac{1}{q^{n-1}} - (n-1) \cdot d \cdot \frac{1}{q^n}$$

Da q-1 = i (siehe linke Seite der Gleichung) ergibt sich, nach Ausklammern von d und Auflösen der Klammer (n-1) auf der rechten Seite:

$$\left(RBW_{n,i}^{as} - RBW_{n,i}^{n}\right) \cdot i = d \cdot \left(\frac{1}{q} + \frac{1}{q^2} + \cdots + \frac{1}{q^{n-1}} + \frac{1}{q^n} - n \cdot \frac{1}{q^n}\right)$$

Der schattierte Bereich entspricht gem. Formel (D.8) dem nachschüssigen Rentenbarwertfaktor $RBF_{n,i}^{n}$. Damit ergibt sich:

$$\left(RBW_{n,i}^{as} - RBW_{n,i}^{n}\right) \cdot i = d \cdot \left(RBF_{n,i}^{n} - n \cdot \frac{1}{q^n}\right)$$

$$\left(RBW_{n,i}^{as} - RBW_{n,i}^{n}\right) = \frac{d}{i} \cdot \left(RBF_{n,i}^{n} - n \cdot \frac{1}{q^n}\right) \qquad \text{und damit}$$

$$RBW_{n,i}^{as} = RBW_{n,i}^{n} + \frac{d}{i} \cdot \left[RBF_{n,i}^{n} - n \cdot \frac{1}{q^n}\right] \qquad (D.14)$$

Beispiel:

Jemand bezieht eine nachschüssige Rentenrate über 10 Jahre. Die erste Rentenrate beträgt 4.000 € und wird jährlich um 200 € angehoben. Welchen Barwert weist diese Rente bei einem Zinssatz von 6% auf?

$$RBW_{10,0,06}^{as} = 29.440{,}35 + \frac{200}{0{,}06} \cdot [7{,}360088 - 5{,}583948] = 35.360{,}82 \text{ €}$$

Interpretation:

Die Rente weist einen Barwert von 35.360,82 € auf.

5 Übungen zu den Rentenrechnungen

5.1 Fragen

1) Wie müssen Zahlungsvorgänge aussehen, damit in der Finanzmathematik von Rentenrechnungen gesprochen wird? (*Lösung S. 74*)

2) Was versteht man in der Finanzmathematik unter einer Rente, was unter einer Rentenrate? (*S. 74*)

3) Nach welchen Kriterien lassen sich Rentenvorgänge systematisieren? (*S. 74 f.*)

4) Wodurch unterscheiden sich endliche von ewigen Renten? (*S. 75*)

5) Grenzen Sie jährliche und unterjährige Renten gegeneinander ab! (*S. 76*)

6) Wodurch unterscheiden sich vorschüssige von nachschüssigen Rentenzahlungen? (*S. 76*)

7) Für die Verzinsung von Rentenvorgängen sind verschiedene Ausgestaltungsformen denkbar. Nennen und erläutern Sie diese! (*S. 76*)

8) Rentenraten müssen nicht zwangsläufig über die Zeit konstant sein, damit das Instrumentarium der Rentenrechnung zum Einsatz kommen kann. Nennen und erläutern Sie mögliche Entwicklungsformen der Rentenraten im Zeitablauf, die ebenfalls mit Hilfe der Rentenrechnung bearbeitet werden können! (*S. 77*)

9) Wie lässt sich ein Rentenbarwert ökonomisch interpretieren? (*S. 74*)

10) Welche Form der Zinsverrechnung wird in der Praxis im Falle unterjähriger Rentenzahlungen üblicherweise vorgenommen? (*S. 89 f.*)

11) Was versteht man unter einer jahreskonformen Ersatzrentenrate und wie lässt sie sich im Falle vor- bzw. nachschüssiger Rentenzahlungen bestimmen? (*S. 90-92 und 93-95*)

12) Was versteht man unter einer ewigen Rente? (*S. 97 f.*)

13) Nennen Sie typische Praxisanwendungen der ewigen Rente! (*S. 98*)

14) Welche Fragestellungen werden im Falle einer ewigen Rente typischerweise betrachtet? (*S. 98*)

15) Um welchen Betrag unterscheiden sich die Barwerte einer ewigen jährlichen Rente in Höhe von 10.000 € bei vor- bzw. nachschüssiger Zahlungsweise? Begründen Sie Ihr Ergebnis! (*S. 103*)

16) Was versteht man unter einer arithmetisch, was unter einer geometrisch steigenden Rente? (*S. 106 und 104*)

5.2 Aufgaben

Aufgabe 1
Ein Sparer zahlt 20 Jahre lang pro Jahr 10.000 € auf ein Konto ein, das sich zu 10% p.a. verzinst. Bestimmen Sie den Endwert und den Barwert für den Fall einer vorschüssigen Zahlungsweise!

Aufgabe 2
Wie oft muss ein Sparer jährlich 5.000 € am Jahresanfang einzahlen, um dann am Ende des Sparvorganges einen Pkw im Wert von 66.000 € anschaffen zu können? (Zinssatz 10% p.a.)

Aufgabe 3
Ein Lottogewinner zahlt 2.000.000 € auf ein Konto ein. Welche jährlich vorschüssige Rente könnte er aus der Anlage zu 8% p.a. über 30 Jahre erzielen?

Aufgabe 4
Der Abiturient J hat einen Bausparvertrag über 50.000 € Bausparsumme abgeschlossen. Der Habenzins beträgt 3% p.a. Der Bausparvertrag ist zuteilungsreif, wenn 40% der Bausparsumme einbezahlt sind.

a) Nach wie vielen Jahren ist der Bausparvertrag zuteilungsreif, wenn 3.000 € jährlich vorschüssig einbezahlt werden?

b) Welche Sparrate muss der Bausparer jährlich vorschüssig leisten, damit der Vertrag in 4 Jahren zuteilungsreif ist?

Aufgabe 5

Eine Schuld soll in jährlich vorschüssig zu zahlenden Raten von 5.000 € in 13 Jahren getilgt sein. Wie hoch müsste bei 4,5% p.a. der einmalige Betrag sein, durch den die Schuld

a) heute

b) nach 5 Jahren (ohne vorherige Ratenzahlungen) abgelöst werden kann?

Aufgabe 6

Ein Sparer zahlt 20 Jahre lang pro Jahr 10.000 € auf ein Konto ein, das sich zu 10% verzinst. Bestimmen Sie den Endwert und den Barwert für den Fall einer nachschüssigen Zahlungsweise!

Aufgabe 7

Jemand zahlt jährlich nachschüssig 10.000 € auf ein Konto ein, dass sich zu 6% p.a. verzinst, um am Ende des Sparvorgangs über 98.974,68 € verfügen zu können. Wie lange muss er sparen?

Aufgabe 8

Eine Erbschaft vom 1.1.2019 von 60.000 € wird zu 5% p.a. verzinst. Wie hoch ist der Wert des Kapitals am 1.1.2026, wenn jährlich nachschüssig 5.000 € abgehoben wurden?

Aufgabe 9

Ein Jungunternehmer möchte seinen jungen Bruder, der gerade das 13. Lebensjahr vollendet hat, finanziell unterstützen. Bis zur Vollendung seines 18. Lebensjahres möchte er ihm jährlich nachschüssig 3.000 €, danach bis zum Ende des 27. Lebensjahres jährlich nachschüssig 5.000 € zur Verfügung stellen. Welchen Betrag müsste der Unternehmer heute auf ein Konto einzahlen, das sich zu 4 % p.a. verzinst?

Aufgabe 10

Eine Schuld soll in jährlich nachschüssig zu zahlenden Raten von 3.000 € in 10 Jahren getilgt sein. Wie hoch müsste bei 6% p.a. der einmalige Betrag sein, durch den die Schuld

a) heute

b) nach 3 Jahren (ohne vorherige Ratenzahlungen)

abgelöst werden kann?

Aufgabe 11

Ein treusorgender Vater möchte das Studium seiner Tochter mitfinanzieren. Die Tochter soll jeweils zu Monatsende 850 € erhalten. Der Vater rechnet unterjährig mit einfachen Zinsen und einem relativen Zinssatz von 0,5 % pro Monat. Welche Summe muss der Vater zu Beginn des Studiums (10 Semester für Bachelor plus Master sind geplant) anlegen, damit er die monatlichen Zahlungen daraus bestreiten kann? Wie hoch ist der Endwert der Zahlungen?

Aufgabe 12

Ein Wirt zieht die Anschaffung einer neuen Theke zum Kaufpreis von 80.000 € in Erwägung.

a) Kann er die Theke bezahlen, wenn er 6 Jahre lang nachschüssig Monatsraten von maximal 1.500 € dafür aufbringen kann? (i = 10 % p.a.; unterjährig mit einfachen Zinsen)

b) Wie hoch ist die monatliche Rate tatsächlich, wenn er die Theke zu 80.000 € kauft?

Aufgabe 13

Eine Erbschaft von 30.000 € soll in eine 10-jährige Rente umgewandelt werden. Wie hoch sind die nachschüssigen Monatsraten bei einer jährlichen Verzinsung von 6%? (Unterjährig wird mit einfachen Zinsen gerechnet!)

Aufgabe 14

Ein Betrag von 1.000 € wird auf einem Konto zu 5% Verzinsung pro Jahr angelegt. Wie lange kann von diesem angelegten Geld jeweils am Ende eines Vierteljahres der Betrag von 25 € abgehoben werden?

Aufgabe 15

Ein Sparvertrag wird abgeschlossen. Zu Beginn eines jeden Monats werden 7 Jahre lang 50 € angespart. Die Verzinsung betrage

a) jährlich 5%
b) halbjährlich 2,5%
c) vierteljährlich 1,25%
d) monatlich 5/12%

Wie hoch ist der Rentenendwert, falls auch unterjährig mit Zinseszinsen gerechnet wird?

Aufgabe 16

Der Unternehmer K zahlt monatlich vorschüssig 600 € und möchte ein Endkapital von 56.000 € ansparen, um sich endlich den Porsche GT zu kaufen, den er sich schon seit seiner Kindheit wünscht. Wie lange muss er die Monatsraten zahlen bei einem Zinssatz von 3% p.a.?

Aufgabe 17

Aus einem Kapital von 250.000 € soll 20 Jahre lang eine vorschüssige Monatsrente bezahlt werden. Wie hoch ist diese bei vierteljährlicher Verzinsung von 1%, wenn a) unterjährig, b) unterperiodig mit einfachen Zinsen gerechnet wird?

Aufgabe 18

Jemand möchte eine ewige Rente von 12.000 € jährlich nachschüssig erhalten. Ihm steht ein Kapital von 218.181,82 € zur Verfügung. Welche Verzinsung müsste er erreichen?

Aufgabe 19

Der Rentner R hat einen Kapitalstock i.H.v. 200.000 € mit einem Zinssatz von 5,5% p.a. angespart. Nun möchte er sich dieses Geld als Rente monatlich nachschüssig auszahlen lassen. Nach seinem Tod soll diese Rente an seinen Enkel E weiterbezahlt werden. Auf welchen Betrag beläuft sich die (ewige) Rente, wenn unterjährig mit einfachen Zinsen gerechnet wird?

Aufgabe 20

Eine Stiftung schüttet jährlich (auf ewige Zeiten) 160.000 € aus, erste Ausschüttung am 01.01.27. Welches Stiftungskapital muss dafür (bei Zinsen von 8% p.a.) am 01.01.21 vorhanden sein?

Aufgabe 21

Ein Pensionär hat ein Vermögen von 1 Mio. €. Jährlich hebt er nachschüssig 80.000 € ab. Ein Berufsanfänger mit einem geerbten Vermögen von 100.000 € spart am Ende seines ersten Berufsjahres 10.000 €. Er plant, diesen Sparbetrag jährlich um 20% zu steigern. Nach wie vielen Jahren haben beide ein gleich hohes Vermögen, wenn die Verzinsung zu 6% p.a. erfolgt.

Aufgabe 22

Ein Tüftler hat ein Patent entwickelt. Für die Überlassung seiner Rechte zahlt ihm ein Unternehmen eine ewige Rente von jährlich vorschüssig 1 Mio. €.

Welchen Wert misst das Unternehmen dem Patent mindestens bei, wenn es mit einem Zinssatz von 7% p.a. rechnet?

Aufgabe 23

Der Student K möchte gerne eine vorschüssige ewige Rente von 6.000 € erhalten. Wie hoch müsste sein Kapitalstock bei einem Zinssatz von 6,32% p.a. sein?

Aufgabe 24

Es wird ein Betrag von 100.000 € auf ein Vermögenskonto einbezahlt bei 6% vereinbarter Verzinsung pro Jahr. In welcher Höhe kann eine ewige jährliche Rente gezahlt werden, welche zu Beginn eines jeden Jahres fällig wird?

Aufgabe 25

Welcher Betrag muss zur Verfügung stehen, wenn davon eine ewige
a) jährliche
b) halbjährliche

Rente i.H.v. 1.000 € bei 4% jährlicher Verzinsung vorschüssig gezahlt werden soll?

Aufgabe 26

Eine nachschüssige Jahresrente von zehnjähriger Dauer setzt mit 5.000 € ein und wird von Jahr zu Jahr um 5% gesteigert. Wie groß ist der Barwert dieser Rente, wenn 7% Zinseszinsen berechnet werden?

Aufgabe 27

Zu welchem Zinssatz muss ein Kapitalstock von 145.000 € mindestens angelegt werden, um eine jährlich von 4.500 € um 7% anwachsende nachschüssige Rente, die für 25 Jahre gezahlt wird, finanzieren zu können?

Aufgabe 28

Für die Wiederbeschaffung eines Autos wird ein Sparvertrag über 5 Jahre zu 5% Jahreszinsen abgeschlossen. Die vorschüssige Anfangsrate von 2.000 € soll jährlich um 2% steigen. Wie viel Geld steht nach 5 Jahren zur Verfügung?

Aufgabe 29

Der Manager F legt 500.000 € zu 8% Jahreszinsen an. Am Ende des ersten Jahres hebt er 50.000 € ab. Aufgrund der Teuerung rechnet er damit, dass dieser Betrag jährlich um 5,5% erhöht werden muss. Nach wie vielen Jahren ist das angelegte Kapital aufgebraucht?

Aufgabe 30

Eine nachschüssige Jahresrente von zehnjähriger Dauer setzt mit 5.000 € ein und wird von Jahr zu Jahr um 200 € gesteigert. Wie groß ist der Barwert dieser Rente, wenn 7% Zinseszinsen berechnet werden?

Aufgabe 31

Der Angestellte Z bezieht eine nachschüssige Rentenrate über 10 Jahre, die jährlich um 300 € anwächst. Der Barwert der Rente beläuft sich auf 22.228,82 €, der Zinssatz auf 10% p.a. Wie hoch ist die erste Rentenrate?

Aufgabe 32

Der Rentner E bezieht 7 Jahre lang eine nachschüssige Rente von 7.000 €, die jedoch jährlich steigen soll. Der Barwert der arithmetisch fortschreitenden Rente beträgt 46.801,52 €, die Anlage erfolgte zu einem Zinssatz von 6% p.a. Wie hoch ist die jährliche Steigerungsrate in €?

Aufgabe 33

Im Falle der progressiven Renten wurde oben stets von jährlich nachschüssigen Renten ausgegangen. Entwickeln Sie eine Matrix analog zu Abb. 20 für die a) geometrisch bzw. b) arithmetisch fortschreitende Rente nach folgendem Muster:

a) geom. steigend	nachschüssig	vorschüssig
Barwert (t = 0)		
Endwert (t = n)	$r \cdot \dfrac{f^n - q^n}{f - q}$	

b) arithm. steigend	nachschüssig	vorschüssig
Barwert (t = 0)	$RBW_{n,i}^n + \dfrac{d}{i} \cdot \left[RBF_{n,i}^n - \dfrac{n}{q^n} \right]$	
Endwert (t = n)		

E TILGUNGSRECHNUNGEN

1 Systematisierung von Tilgungsvorgängen

Nimmt jemand einen Kredit auf, so muss er diesen spätestens am **Fälligkeits-tag** zurückzahlen, oder wie es in Fachsprache heißt, tilgen. Neben der Rück-zahlung der Schuldsumme sind Zinsen zu entrichten, u.U. fallen darüber hin-aus noch sogenannte Kredit*gebühren*[17] an. Bei Abschluss eines Kreditvertra-ges wird i.A. vereinbart, dass die Schuldsumme am Fälligkeitstag in einer Summe zu begleichen ist oder dass die Rückzahlung in mehreren Teilbeträgen erfolgen soll. Im ersten Fall spricht man von **endfälliger Tilgung**, im zweiten Fall von Tilgung in Raten oder kurz von Ratentilgung. Allerdings ist der Sprach-gebrauch in diesem Zusammenhang oft ungenau, denn mit Ratentilgung wird oft eine spezielle Form der Tilgung bezeichnet, die im Folgenden noch ge-nauer zu spezifizieren ist. Um die Begriffe im vorliegenden Werk eindeutig zu differenzieren, wird von einer **Tilgung in Raten** immer dann gesprochen, wenn eine Schuld nicht in einem Einmalbetrag, sondern in mehreren Teil-beträgen zurückgezahlt wird, egal wie. Mit dem Begriff **Ratentilgung** bzw. **Ratenschuld** wird dagegen stets eine besondere Form der Rückzahlung in Teilbeträgen (in Abgrenzung zur sogenannten **Annuitätentilgung** bzw. **Annu-itätenschuld**) bezeichnet.

Grundsätzlich können Teil(rück)zahlungen in regelmäßigen oder in unregel-mäßigen Zeitabständen vorgesehen sein. Da in der Praxis in der weit überwie-genden Zahl der Anwendungsfälle die Rückzahlungen in regelmäßigen Zeit-abständen vorgenommen werden, soll im Folgenden auch nur diese Variante betrachtet werden, um die vorliegende Einführungsschrift wiederum nicht zu überfrachten.

Typischerweise setzt sich jede Rückzahlungsrate aus zwei Bestandteilen zu-sammen: Ein Teil der Rate stellt die Schuldentilgung dar, um die sich die bis dahin vorliegende Restschuldsumme vermindert. Dieser Teil der Rückzah-lungsrate wird als **Tilgungsrate** bezeichnet, die im Folgenden mit dem Symbol

---

[17] Tatsächlich handelt es sich jedoch nicht um Gebühren, sondern um Preise. Ge-bühren sind öffentliche Abgaben für die Inanspruchnahme der Leistung von Ge-bührenhaushalten bzw. kostenrechnenden Einrichtungen in Form von Verwal-tungs- oder Benutzungsgebühren.

T ausgedrückt sei. Der andere Teil der Rate stellt den Zinsanteil dar, der auf die jeweilige Restschuldsumme zu entrichten ist. Dieser sei im Folgenden mit dem Symbol Z versehen. Tilgungs- und **Zinsrate** werden in ihrer Summe als **Annuität** bezeichnet, die ihrerseits mit dem Symbol R zum Ausdruck gebracht wird. Erneut ist der Sprachgebrauch leider nicht einheitlich. Während einige Fachvertreter den Rückzahlungsbetrag R allgemein als Annuität bezeichnen, verstehen andere Fachvertreter unter einer Annuität eine besondere Form der Rückzahlung. Letzterem Sprachgebrauch sei auch hier gefolgt. Wie diese Variante genau aussieht wird in Abschnitt E.2 erläutert.

Je nach Ausgestaltung von Kreditverträgen gibt es verschiedenste **Tilgungs-formen**. Wegen der Vielzahl möglicher Varianten erscheint es wiederum notwendig, eine Systematisierung von Tilgungsvorgängen vorzunehmen. Dabei lassen sich insgesamt sechs Merkmale mit jeweils verschiedenen Merkmalsausprägungen unterscheiden:

(1) Anzahl der Tilgungszahlungen
(2) Niveauverlauf der Tilgungszahlungen
(3) Zeitabstand der Tilgungszahlungen
(4) Fälligkeit der Tilgungszahlungen
(5) Länge der Zinsperiode
(6) Fälligkeit der Zinsen

Es wird unterschieden

Ad (1): nach der **Anzahl der Tilgungszahlungen**

- **endfällige Tilgung**
  Die Schulden werden am Ende der Kreditlaufzeit in einem Betrag zurückgezahlt.
- **Tilgung in Raten**
  Die Schulden werden in mehreren Teilbeträgen über die Laufzeit des Kredits zurückgezahlt.

Ad (2): nach dem **Niveauverlauf der Tilgungszahlungen**

- **konstante Tilgung**
  Die Schulden werden in gleichbleibenden Tilgungen zurückgezahlt.

- **variable Tilgung**

  Die Schulden werden in unterschiedlich hohen Tilgungsbeträgen zurückgezahlt.

Ad (3): nach dem **Zeitabstand der Tilgungszahlungen**

- **jährliche Tilgungen**

  Die Schulden werden in jährlichen Teilbeträgen zurückgezahlt.

- **unterjährige Tilgungen**

  Die Schulden werden in unterjährigen Zeitabständen (meist monatlich, quartalsweise oder halbjährig) jeweils in Teilbeträgen zurückgezahlt.

Ad (4): nach der **Fälligkeit der Tilgungszahlungen**

- **vorschüssige Tilgungszahlungen**

  Die Tilgungsbeträge werden zu Beginn eines Jahres bzw. einer Tilgungsperiode zurückgezahlt.

- **nachschüssige Tilgungszahlungen**

  Die Tilgungsbeträge werden zum Ende eines Jahres bzw. einer Tilgungsperiode zurückgezahlt.

Ad (5): nach der **Länge der Zinsperiode**

- **jährliche Verzinsung**

  Die Zinsen fallen einmal pro Jahr an.

- **unterjährige Verzinsung**

  Die Zinsen fallen mehrfach pro Jahr an.

Ad (6): nach der **Fälligkeit der Zinsen**

- **vorschüssige Zinsen**

  Die Zinsen werden vor der jeweiligen Kapitalüberlassung fällig, d.h. jeweils zu Beginn einer Zinsperiode.

- **nachschüssige Zinsen**

  Die Zinsen werden nach der jeweiligen Kapitalüberlassung fällig, d.h. jeweils am Ende einer Zinsperiode.

Im Folgenden werden nur ausgewählte Tilgungsvorgänge betrachtet. Grundsätzlich verzichtet wird wiederum auf die Betrachtung vorschüssig fälliger Zinsen. Konkret wird unterstellt, dass eine Tilgung in Raten erfolgt, wobei entweder die Tilgung oder die Rückzahlung insgesamt konstant ausfällt. Die Tilgungen bzw. Rückzahlungen können jährlich oder unterjährig stattfinden, aber nur jeweils am Ende einer (Tilgungs-) Periode, also nicht vorschüssig. Die Zinsen werden je nach gewählter Variante jährlich oder unterjährig berechnet und angelastet.

Das vorliegende Kapitel unterteilt Tilgungsrechnungen in die beiden ideal-typischen Formen der Tilgung in Raten, nämlich zum einen in die **Ratentilgung** sowie zum andern in die **Annuitätentilgung**. Wegen der besonderen Bedeu-tung dieser Unterscheidung werden beide Varianten zunächst grafisch darge-stellt (siehe Abb. 25) und kurz gegeneinander abgegrenzt, bevor verschiedene *Spielarten* betrachtet werden.

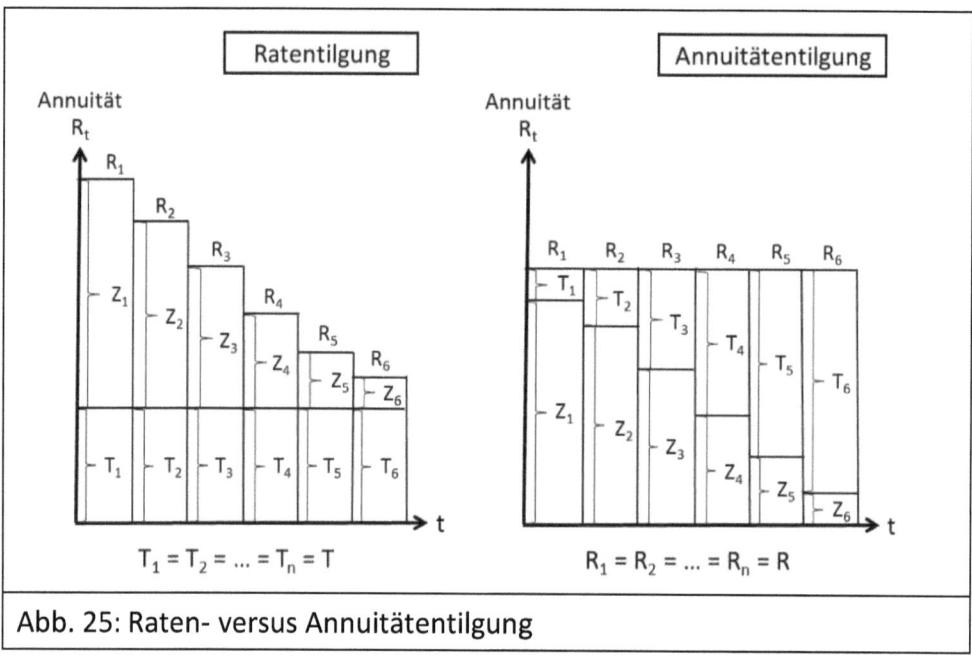

Abb. 25: Raten- versus Annuitätentilgung

Bei **Ratentilgung** erfolgt die **Tilgung in gleichen Zeitabständen in gleichhohen Teilbeträgen** der ursprünglichen Schuldsumme, d.h. die Tilgungsrate ist im Zeitablauf konstant ($T_t = T = $ konst.). Zusätzlich zur Tilgung müssen Kreditzin-sen auf die verbleibende Restschuld entrichtet werden. Da die Restschuld aber mit fortschreitender Tilgung immer mehr abnimmt, reduziert sich im Zeitablauf die Zinsrate Z_t immer weiter. Entsprechend nimmt auch der Rück-zahlungsbetrag R_t als Summe aus Zins- und Tilgungsrate im Zeitablauf ab. Da die Tilgung in diesem Fall aber in gleichen Raten vorgenommen wird, bezeichnet man diese Vorgehensweise als **Ratentilgung**.

Bei **Annuitätentilgung** ist nicht die Tilgungsrate T im Zeitablauf konstant, sondern der Rückzahlungsbetrag ($R_t = R = $ konst.). Die **Tilgung** erfolgt dabei in gleichen Zeitabständen **in zunehmenden Teilbeträgen** T_t der ursprünglichen Schuldsumme. Dies ist wie folgt zu erklären: Zu Beginn der Kreditlaufzeit sind die Zinsen Z_t durch die hohe (Rest-) Schuldsumme vergleichsweise hoch. Entsprechend ist der Zinsanteil der konstanten Rückzahlungsrate hoch, der Tilgungsanteil entsprechend gering (vgl. Abb. 25). Mit fortwährender Tilgung nehmen die Restschuld und damit die Kreditzinsen ab. Mithin kann ein immer größerer Teil der Rückzahlungsrate für Tilgungszwecke eingesetzt werden. Mit fortschreitender Tilgung nimmt die verbleibende Restschuld mit zunehmender Geschwindigkeit ab. Da in diesem Fall die Rückzahlung in gleichhohen Raten erfolgt, bezeichnet man diese Form auch als **Annuitätentilgung**. Leider wird auch dieser Begriff des Öfteren nicht einheitlich verwendet, sondern teilweise als Synonym einer Tilgung in Raten verstanden.

Um die Zahlungskonsequenzen für den Schuldner, d.h. die auf ihn zukommenden finanziellen Belastungen, deutlich zu machen, schreibt der Gesetzgeber (siehe §§ 6 und 14 des Einführungsgesetzes zum Bürgerlichen Gesetzbuche sowie § 492 BGB) vor, dass bei der Kreditvergabe an Privatpersonen (Verbraucher) ein **umfassender Tilgungsplan** vorzulegen ist, aus dem sich alle relevanten Beträge und Termine einfach ablesen lassen. Neben der bislang gepflegten formelorientierten Vorgehensweise werden in diesem Kapitel deshalb zusätzlich entsprechende Finanzpläne entwickelt.

2 Ratentilgung
2.1 Jährliche Ratentilgung
Ausgangssituation:
Bei **jährlicher Ratentilgung** erfolgt die Rückzahlung der ursprünglichen Schuldsumme in **jährlich gleichbleibenden Tilgungsbeträgen**. Die **Zinsen** werden jeweils zusammen mit der Tilgungsrate **am Jahresende** gezahlt.

Symbole:
T = Tilgungsrate im Jahr t   [€]

Z_t = Zinsen im Jahr t [€]
R_t = Rückzahlungsbetrag im Jahr t [€]
S_0 = (ursprüngliche) Schuldsumme [€]
S_t = Schuldsumme am Ende des Jahres t [€]
q = Auf- bzw. Abzinsungsfaktor ($q = 1 + i$) [o.D.]
i = (nomineller) Jahreszinssatz [% / Jahr]
n = Laufzeit des Kredits ($t = 1, ..., n$) [Jahre]

Die jährliche Tilgungsrate ergibt sich bei einer Laufzeit von n Jahren zu:

$$T = \frac{S_0}{n} \qquad \text{(E.1)}$$

Beispiel:

Ein Kredit in Höhe von 20.000 € bei 10% jährlichen Kreditzinsen soll über 5 Jahre getilgt werden und zwar bei jährlich-nachschüssiger Ratentilgung. Wie sieht der Tilgungsplan aus?

Berechnung der Tilgungsrate:

$$T = \frac{S_0}{n} = \frac{20.000}{5} = 4.000 \text{ €}$$

Interpretation:

Es müssen über 5 Jahre jeweils 4.000 € getilgt werden, um die Schuld abzutragen.

Für das Beispiel ergibt sich folgender Tilgungsplan:

t	S_{t-1}	Z_t	T_t	R_t	S_t
(1)	(2)	(3) = (2) · 10%	(4)	(5) = (3) + (4)	(6) = (2) − (4)
1	20.000	2.000	4.000	6.000	16.000
2	16.000	1.600	4.000	5.600	12.000
3	12.000	**1.200**	4.000	**5.200**	**8.000**
4	8.000	800	4.000	4.800	4.000
5	4.000	400	4.000	4.400	0

Um die Zusammenhänge der verschiedenen Zahlungsgrößen einfach nachvollziehen zu können, sind in der unteren, grau markierten Kopfzeile der Tabelle entsprechende Hinweise zu finden. So ergibt sich etwa der Wert der Spalte (3), d.h. die Zinsen in Periode t, in dem der Wert aus Spalte (2), d.h. die Restschuld am Ende der Vorperiode (t-1) bzw. die betragsgleiche Schuld zu Beginn der Periode t, mit dem Zinssatz i, hier 10%, multipliziert wird. Der Rückzahlungsbetrag der Spalte (5) ergibt sich als Summe der Spalten (3) und (4), d.h. der Zinsen in Periode t sowie dem Tilgungsbetrag in Periode t. Der Wert der Spalte (6), d.h. die Restschuld am Ende der Periode t, resultiert aus der Differenz zwischen der Schuld zu Jahresbeginn aus Spalte (2) und dem Tilgungsbetrag der Periode t in Spalte (4). Der letzte Wert unten rechts in der Tabelle zeigt, dass die ursprüngliche Schuld von 20.000 € am Ende des 5. Jahres auf 0 € abgebaut wurde. Während die Tilgungsbeträge von Jahr zu Jahr mit 4.000 € gleichbleiben, nehmen die Zinsen jährlich (um 400 €) ab. Gleichbleibende Tilgungsbeträge und sinkende Zinsen führen dazu, dass die jährliche Rückzahlungsrate ebenfalls jährlich (um 400 €) abnimmt.

Die in der Tabelle angegebenen Werte lassen sich auch formelhaft bestimmen. So ergibt sich die jährliche **Restschuld** S_t am Ende des t-ten Jahres nach t Tilgungen wie folgt:

Aus $\quad S_t = S_0 - T_1 - T_2 - \ldots - T_t \quad$ folgt

wegen $\; T_1 = T_2 = \ldots = T_t = \dfrac{S_0}{n} \quad$ als jährliche Tilgung

$$S_t = S_0 - \frac{S_0}{n} - \frac{S_0}{n} - \ldots - \frac{S_0}{n} \qquad \text{und damit nach t Tilgungen}$$

$$S_t = S_0 - t \cdot \frac{S_0}{n} \qquad \text{mit Erweiterung von } S_0 \text{ um den Faktor } \frac{n}{n}$$

$$S_t = n \cdot \frac{S_0}{n} - t \cdot \frac{S_0}{n} = \frac{S_0}{n} \cdot (n - t) \qquad \text{und weil } (S_0 / n) = T \text{ ergibt sich}$$

$$S_t = T \cdot (n - t) \qquad\qquad\qquad\qquad\qquad\qquad\qquad (E.2)$$

Die Restschuld am Ende des t-ten Jahres ergibt sich als Differenz aus der Gesamtheit der Tilgungen $T \cdot n$ und den bereits geleisteten Tilgungen $T \cdot t$.

Für das Beispiel in t = 3: $\qquad S_3 = 4.000 \cdot (5 - 3) = 8.000 \ €$

Zur Ermittlung der jährlichen **Zinszahlung** Z_t am Ende des t-ten Jahres sei zunächst die Entwicklung der Zinsen im Zeitablauf betrachtet:

$Z_1 = S_0 \cdot i$

$Z_2 = (S_0 - T) \cdot i$

$Z_3 = (S_0 - 2 \cdot T) \cdot i$

...

$Z_t = (S_0 - [t - 1] \cdot T) \cdot i$ mit Erweiterung von S_0 um den Faktor n/n sowie Ersatz von T durch S_0/n

$Z_t = \left(n \cdot \frac{S_0}{n} - [t - 1] \cdot \frac{S_0}{n}\right) \cdot i$ durch Ausklammern von S_0/n

$Z_t = \frac{S_0}{n} \cdot (n - [t - 1]) \cdot i$ und damit durch Auflösen der runden Klammer

$Z_t = T \cdot [n - t + 1] \cdot i$ (E.3)

Die Zinsen am Ende des t-ten Jahres ergeben sich aus der Schuld zu Beginn des Jahres bzw. zum Ende des Vorjahres als noch eine Tilgungsrate mehr zu leisten war [n – t + 1] als am Ende der betrachteten Periode.

Für das Beispiel in t = 3: $Z_3 = 4.000 \cdot [5 - 3 + 1] \cdot 0,1 = 1.200 €$

Die jährlichen **Rückzahlungsbeträge** R_t am Ende des t-ten Jahres ergeben sich aus:

$R_t = T + Z_t$ unter Berücksichtigung von (E.3)

$R_t = T + T \cdot [n - t + 1] \cdot i$ durch Ausklammern von T

$R_t = T \cdot [1 + (n - t + 1) \cdot i]$ (E.4)

Für das Beispiel in t = 3: $R_3 = 4.000 \cdot [1 + (5 - 3 + 1) \cdot 0,1] = 5.200 €$

2.2 Unterjährige Ratentilgung

Ausgangssituation:

Bei unterjähriger Ratentilgung erfolgen die Rückzahlungen der ursprünglichen Schuldsumme in halb- oder vierteljährlichen bzw. monatlichen Intervallen, wobei die Tilgungsraten wiederum konstant sind. Bei einer Kreditlaufzeit von n Jahren und m jährlich vorzunehmenden Tilgungen sind insgesamt (m · n) Tilgungsvorgänge zu leisten.

Symbole:

T	=	Tilgungsrate pro Periode	[€]
$Z_{v,t}$	=	Zinsen in der Periode v des Jahres t	[€]
$R_{v,t}$	=	Rückzahlungsbetrag in der Periode v des Jahres t	[€]
S_0	=	(ursprüngliche) Schuldsumme	[€]
$S_{v,t}$	=	Schuldsumme am Ende der Periode v des Jahres t	[€]
i_{nom}	=	(nomineller) Jahreszinssatz	[% / Jahr]
i_{rel}	=	relativer Zinssatz	[%/Periode]
n	=	Laufzeit des Kredits (t = 1, ..., n)	[Jahre]
m	=	Anzahl der unterjährigen Perioden (v = 1, ..., m)	[Perioden]

Bei (n · m) Tilgungsvorgängen über die Gesamtlaufzeit des Kredits ergibt sich die Höhe der einzelnen Tilgung zu:

$$T = \frac{S_0}{n \cdot m} \tag{E.5}$$

Beispiel:

Ein Kredit in Höhe von 20.000 € bei 10% jährlichen Kreditzinsen soll über n = 5 Jahre vierteljährig (m = 4) getilgt werden und zwar bei jeweils nachschüssiger Ratentilgung. Wie sieht der Tilgungsplan aus?

Berechnung der Tilgungsrate:

$$T = \frac{S_0}{n \cdot m} = \frac{20.000}{4 \cdot 5} = 1.000 \text{ €}$$

Interpretation:

Es müssen über 5 Jahre jeweils vierteljährig nachschüssig 1.000 € getilgt werden, um die Schuld abzutragen.

Wichtiger Hinweis:

Obwohl die Zinsen erst jährlich nachschüssig fällig werden, ist es bei unterjähriger Ratentilgung üblich, neben der Tilgungsrate einen **periodisch anteiligen Zins** zu zahlen. Die Zinszahlung wird dabei aus der jeweiligen Restschuld zu Beginn der Periode mit dem relativen Zinssatz bestimmt.

Für das Beispiel ergibt sich: $i_{rel} = \frac{i_{nom}}{m} = \frac{0,1}{4} = 0,025 = 2,5\%$

Aus den obigen Angaben lässt sich folgender Tilgungsplan ableiten:

t	k	$S_{k-1,t}$	$Z_{k,t}$	$T_{k,t}$	$R_{k,t}$	$S_{k,t}$
(1)	(2)	(3)	(4)=(3)·0,025	(5)	(6)=(4)+(5)	(7)=(3)-(5)
1	1	20.000	500	1.000	1.500	19.000
	2	19.000	475	1.000	1.475	18.000
	3	18.000	450	1.000	1.450	17.000
	4	17.000	425	1.000	1.425	16.000
2	1	16.000	400	1.000	1.400	15.000
	2	15.000	375	1.000	1.375	14.000
	3	14.000	350	1.000	1.350	13.000
	4	13.000	325	1.000	1.325	12.000
3	1	12.000	300	1.000	1.300	11.000
	2	11.000	**275**	1.000	**1.275**	**10.000**
	3	10.000	250	1.000	1.250	9.000
	4	9.000	225	1.000	1.225	8.000
4	1	8.000	200	1.000	1.200	7.000
	2	7.000	175	1.000	1.175	6.000
	3	6.000	150	1.000	1.150	5.000
	4	5.000	125	1.000	1.125	4.000
5	1	4.000	100	1.000	1.100	3.000
	2	3.000	75	1.000	1.075	2.000
	3	2.000	50	1.000	1.050	1.000
	4	1.000	25	1.000	1.025	0

Die in der Tabelle angegebenen Werte lassen sich auch formelhaft bestimmen. So ergibt sich die **Restschuld** $S_{v,t}$ am Ende der v-ten Periode des t-ten Jahres wie folgt:

$$S_{v,t} = T \cdot [m \cdot n - \{(t-1) \cdot m + v\}] \qquad (E.6)$$

Interpretation:

Insgesamt sind $(m \cdot n)$ Tilgungen zu leisten. Von diesen sind bis zum Ende der v-ten Periode des t-ten Jahres zunächst in den $(t-1)$ Vorjahren bereits $[(t-1) \cdot m]$ Tilgungen erfolgt. In der t-ten Periode sind darüber hinaus v Tilgungen vorgenommen worden. Aus der Differenz zwischen der Gesamtzahl der Tilgungen und der Zahl der bereits vorgenommenen Tilgungen ergibt sich die Zahl der künftig noch vorzunehmenden Tilgungen. Multipliziert mit der Tilgungsrate entspricht das der Schuld, die noch abzutragen ist.

Wird m ausgeklammert ergibt sich die **Restschuld** am Ende der v-ten Periode des t-ten Jahres:

$$S_{v,t} = T \cdot [m \cdot (n - t + 1) - v] \tag{E.7}$$

Für das Beispiel (nach 2 Quartalen im 3. Jahr):

$$S_{2,3} = 1.000 \cdot [4 \cdot (5 - 3 + 1) - 2] = 10.000 \, €$$

Die **Zinszahlung** $Z_{v,t}$ am Ende der v-ten Periode des t-ten Jahres lässt sich wie folgt bestimmen:

$$Z_{v,t} = T \cdot [m \cdot n - \{(t - 1) \cdot m + (v - 1)\}] \cdot i_{rel} \tag{E.8}$$

Interpretation:
Die Zinsen sind auf die Schuld zu Beginn der Periode bzw. zum Ende der Vorperiode zu entrichten. Entsprechend ist im Vergleich zu Formel (E.6) in der eckigen Klammer eine Periode hinzuzurechnen. Wegen des Minuszeichens vor der geschweiften Klammer muss demzufolge in der Klammer eine Periode von v abgezogen werden.

Für das Beispiel (nach 2 Quartalen im 3. Jahr):

$$Z_{2,3} = 1.000 \cdot [4 \cdot 5 - \{(3 - 1) \cdot 4 + (2 - 1)\}] \cdot 0,025 = 275 \, €$$

Von den zu leistenden ($m \cdot n = 4 \cdot 5 =$) 20 Tilgungen sind bis Ende des 2. Jahres ($[3 - 1] \cdot 4 =$) 8 Tilgungen erfolgt. Hinzugerechnet werden muss dann noch die ($2 - 1 =$) erste Teilperiode des 3. Jahres. Damit verbleiben zu Beginn des zweiten Quartals im 3. Jahr ($20 - 9 =$) 11 Quartale an Tilgungen zu leisten, was der Restschuld zu Beginn des zweiten Quartals entspricht. Multipliziert mit dem Zinssatz ergeben sich die Zinsen für das betrachtete (10.) Quartal.

Die Rückzahlungsrate bzw. Annuität $R_{v,t}$ am Ende der v-ten Periode des t-ten Jahres setzt sich aus der zugehörigen Tilgungs- sowie Zinskomponente zusammen:

$$R_{v,t} = T + Z_{v,t} = T + T \cdot [m \cdot n - \{(t - 1) \cdot m + (v - 1)\}] \cdot i_{rel}$$

Wird T ausgeklammert, ergibt sich:

$$R_{v,t} = T \cdot [1 + \{m \cdot (n - t + 1) - v + 1\} \cdot i_{rel}] \tag{E.9}$$

Für das Beispiel (nach 2 Quartalen im 3. Jahr):

$$R_{2,3} = 1.000 \cdot [1 + \{4 \cdot (5 - 3 + 1) - 2 + 1\} \cdot 0,025] = 1.275 \text{ €}$$

3 Annuitätentilgung

3.1 Jährliche Annuitätentilgung

Ausgangssituation:

Bei **konstanten jährlichen Rückzahlungsbeträgen**, bestehend aus jährlich variierenden Zins- und Tilgungsanteilen, liegt eine **Annuitätentilgung** vor. Weil der Zinsanteil der konstanten Rückzahlungsrate wegen der abnehmenden Restschuld immer weiter sinkt, kann ein immer größerer Teil der Rückzahlung für Tilgungszwecke verwendet werden. Bevor sich jedoch die beiden Teile des jährlichen Rückzahlungsbetrages bestimmen lassen, muss zunächst die Höhe der konstanten Annuität ermittelt werden. Dazu ist es hilfreich, die Zahlungsfolge des Annuitätenkredits, der mit einer Einzahlung in Höhe der Schuldsumme beginnt und der anschließend nur Auszahlungen in Form von Tilgungs- und Zinsbeträgen folgen, in zwei Zahlungsfolgen bzw. Konten aufzuteilen (siehe rechte Seite in Abb. 26):

1. Zahlungsfolge (Konto 1)

Diese Folge umfasst ausschließlich die Einzahlung, die dem Schuldner bei Aufnahme des Kredits in t = 0 zufließt. Ohne Tilgung wächst die Schuldsumme bis zum Ende der Kreditlaufzeit in t = n auf einen bestimmten Endwert EW an.

2. Zahlungsfolge (Konto 2)

Diese Folge umfasst alle Annuitäten, d.h. alle Zins- und Tilgungszahlungen, die das Unternehmen nach dem Kreditvertrag zu leisten hat. Wenn diese Beträge auf einem separaten Konto angesammelt werden, das sich zum gleichen Zinssatz verzinst wie das erste Konto und dieser dem Zinssatz für den aufgenommenen Kredit entspricht, soll sich auf diesem Konto ein Endwert ergeben, der genau dem Endwert der 1. Zahlungsfolge entspricht, um so den Kredit in t = n abzulösen.

Die beiden Zahlungsfolgen lassen sich auch auf dem Zeitstahl verdeutlichen (siehe Abb. 27). Beide Zahlungsfolgen führen zum selben Endwert EW, damit aber auch zum selben Barwert. Geht man vom Barwert aus, entsteht eine

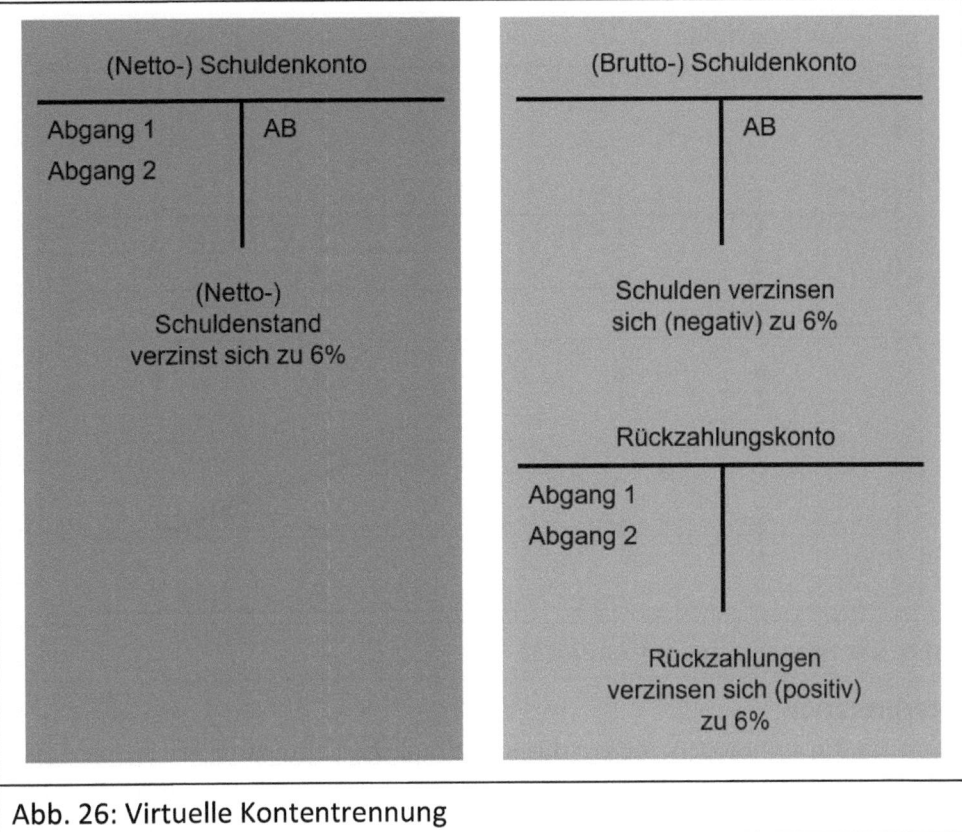

Abb. 26: Virtuelle Kontentrennung

Problemstellung, die bereits aus der Rentenrechnung des Kapitels D bekannt ist: Die Berechnung der konstanten Annuität lässt sich vergleichen mit der Bestimmung der Rentenrate bei vorgegebenem Barwert [vgl. D.2.1.2, Formel (D.7)]. Wird Formel (D.7) nach r umgestellt und die Symbolik so verändert, dass die Rentenrate r durch die Annuität R sowie der Rentenbarwert RBW durch die ursprüngliche Schuldsumme S_0 ersetzt wird, ergibt sich folgende Formel zur Bestimmung der Annuität:

$$R = S_0 \cdot q^n \cdot \frac{q - 1}{q^n - 1} \qquad \text{(E.10)}$$

Symbol:

R = (konstante) Annuität (Rückzahlungsbetrag)   [€]

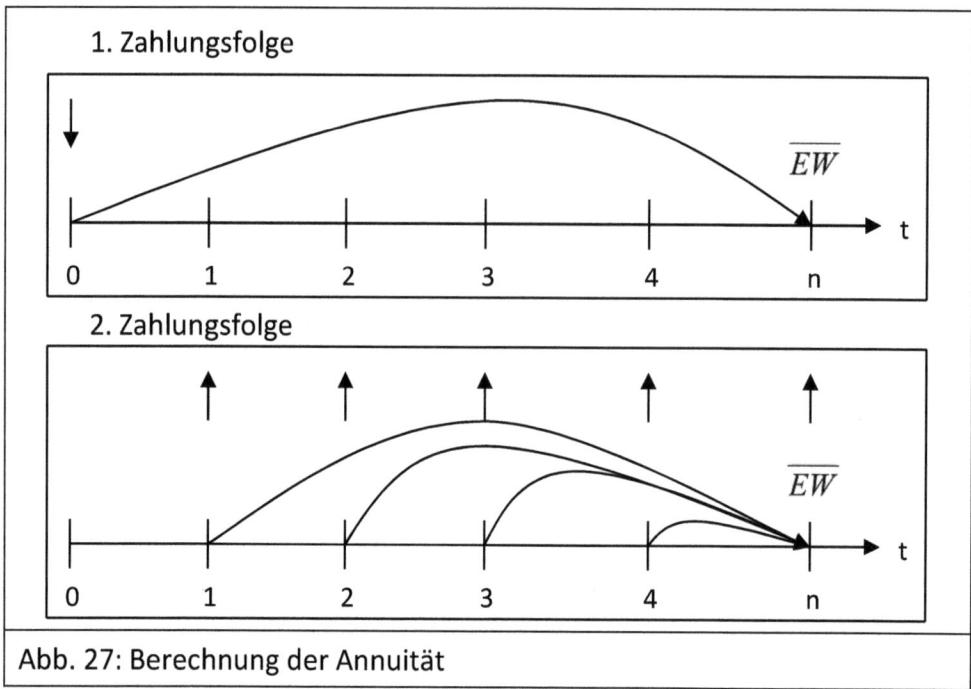

Abb. 27: Berechnung der Annuität

Interpretation:

Die Annuität ergibt sich, indem die ursprüngliche Schuldsumme S_0 mit einem Faktor multipliziert wird, der als **Annuitäten- oder Wiedergewinnungsfaktor** $ANF^n_{n,i}$ bekannt ist und dem **Kehrwert** des **Rentenbarwertfaktors** aus Formel (D.8) entspricht. Der reziproke Zusammenhang zwischen der Bestimmung der Annuität und des Rentenbarwertes lässt sich besonders einfach grafisch erklären. Abb. 28 zeigt, dass die Ermittlung des Rentenbarwertes RBW aus den Rentenraten r genau die umgekehrte Vorgehensweise darstellt wie die Ermittlung der Annuität R aus der zugrundeliegenden Schuldsumme S_0.

Beispiel:

Ein Kredit in Höhe von 100.000 € bei 10% jährlichen Kreditzinsen soll über 10 Jahre per Annuitätentilgung zurückgezahlt werden. Wie hoch ist die Annuität und wie sieht der Tilgungsplan aus?

Berechnung der Annuität:

$$R = 100.000 \cdot 1{,}1^{10} \cdot \frac{1{,}1 - 1}{1{,}1^{10} - 1} = 16.274{,}54 \text{ €}$$

Interpretation:

Es müssen über 10 Jahre jeweils jährlich nachschüssig 16.274,54 € gezahlt werden, um die ursprüngliche Schuld von 100.000 € abzutragen.

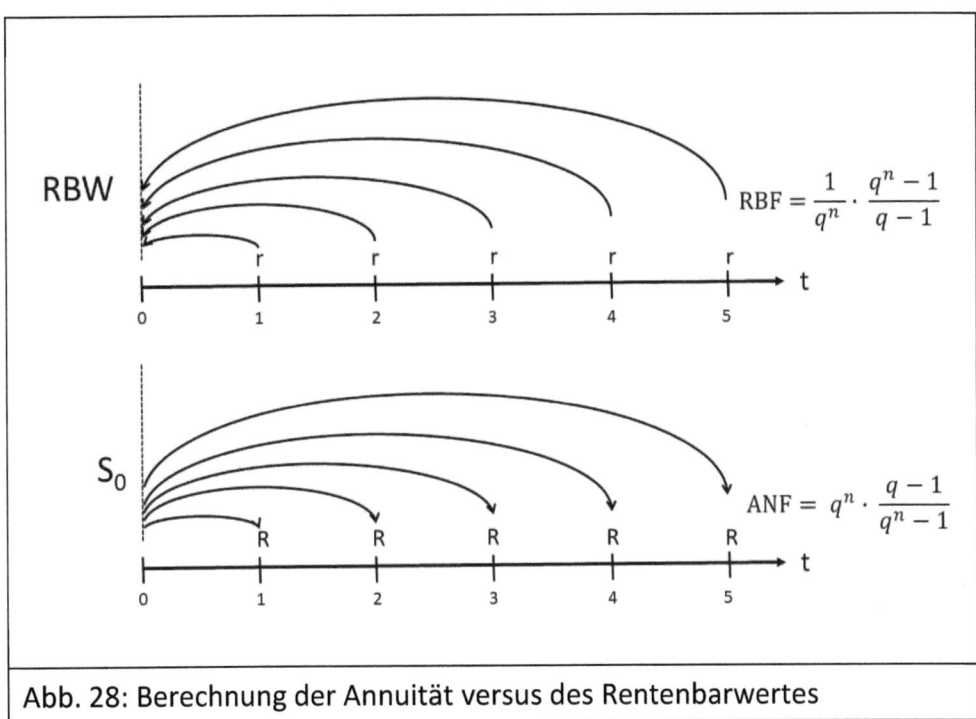

Abb. 28: Berechnung der Annuität versus des Rentenbarwertes

Für das Beispiel ergibt sich folgender Tilgungsplan:

t	S_{t-1}	Z_t	T_t	R_t	S_t
(1)	(2)	(3) = (2) · 10%	(4) = (5) − (3)	(5)	(6) = (2) − (4)
1	100.000	10.000	6.274,54	16.274,54	93.725,46
2	93.725,46	9.372,55	6.901,99	16.274,54	86.823,47
3	86.823,47	8.682,35	7.592,19	16.274,54	79.231,28
4	79.231,28	7.923,13	8.351,41	16.274,54	70.879,87
5	70.879,87	**7.087,99**	**9.186,55**	16.274,54	**61.693,32**

6	61.693,32	6.169,33	10.105,21	16.274,54	51.588,11
7	51.588,11	5.158,81	11.115,73	16.274,54	40.472,38
8	40.472,38	4.047,24	12.227,30	16.274,54	28.245,08
9	28.245,08	2.824,51	13.450,03	16.274,54	14.795,05
10	14.795,05	1.479,51	14.795,03	16.274,54	0,02

Die Tabelle zeigt, dass der Zinsanteil gemäß Spalte (3) progressiv abnimmt, während der Tilgungsanteil gemäß Spalte (4) progressiv zunimmt. Durch die progressiv abnehmende Restschuld vermindern sich die Zinsen, so dass ein immer größerer Teil der konstanten Rückzahlungsrate R von 16.274,54 gemäß Spalte (5) zu Tilgungszwecken verwendet werden kann.

Die tabellierten Werte lassen sich auch formelhaft bestimmen. So ergibt sich die jährliche **Restschuld** S_t am Ende des t-ten Jahres retrograd als Summe der abgezinsten noch zu zahlenden (n − t) Annuitäten wie folgt:

$$S_t = R \cdot \frac{1}{q^1} + R \cdot \frac{1}{q^2} + R \cdot \frac{1}{q^3} + \cdots + R \cdot \frac{1}{q^{n-t}} \quad \text{und durch Ausklammern}$$

$$S_t = R \cdot \left[\frac{1}{q^1} + \frac{1}{q^2} + \frac{1}{q^3} + \cdots + \frac{1}{q^{n-t}} \right] \tag{E.11}$$

In der Klammer handelt es sich um eine geometrische Reihe mit dem Anfangsglied $a_1 = 1/q$, dem Quotienten $q^* = 1/q$ und $n^* = (n - t)$ Gliedern.

Mit Hilfe der Summenformel für geometrische Reihen ergibt sich für den Klammerausdruck:

$$S^* = a_1 \cdot \frac{q^{*n^*} - 1}{q^* - 1} = \frac{1}{q} \cdot \frac{(\frac{1}{q})^{n-t} - 1}{\frac{1}{q} - 1}$$

Durch Ausmultiplizieren der Nenner und Auflösen der Klammer im Zähler ergibt sich:

$$S^* = \frac{\frac{1}{q^{n-t}} - 1}{1 - q} = \frac{\frac{1 - q^{n-t}}{q^{n-t}}}{1 - q} = \frac{1 - q^{n-t}}{q^{n-t} \cdot (1 - q)} = \frac{1}{q^{n-t}} \cdot \frac{q^{n-t} - 1}{q - 1}$$

Wird Formel (E.10) für R sowie die Summenformel für die Klammer eingesetzt, ergibt sich für S_t:

$$S_t = \left(S_0 \cdot q^n \cdot \frac{q-1}{q^n-1}\right) \cdot \left(\frac{1}{q^{n-t}} \cdot \frac{q^{n-t}-1}{q-1}\right) = S_0 \cdot \frac{q^n}{q^{n-t}} \cdot \frac{q^{n-t}-1}{q^n-1} = S_0 \cdot q^t \cdot \frac{q^{n-t}-1}{q^n-1}$$

Durch Ausmultiplizieren des Faktors mit dem Bruch folgt schließlich:

$$S_t = S_0 \cdot \frac{q^n-q^t}{q^n-1} \tag{E.12}$$

Für das Beispiel ergibt sich am Ende des 5. Jahres eine Restschuld von:

$$S_5 = 100.000 \cdot \frac{1{,}1^{10}-1{,}1^5}{1{,}1^{10}-1} = 61.693{,}32 \ \text{€}$$

Die **Tilgungsrate** im t-ten Jahr lässt sich formelhaft als Differenz aus der Annuität und den Zinsen auf die Restschuld am Ende der Vorperiode (t – 1) bzw. am Anfang der betrachteten Periode wie folgt bestimmen:

$T_t = R - S_{t-1} \cdot i$

Wird Formel (E.10) für R und Formel (E.12) für S_{t-1} („t" ist „t–1" zu ersetzen!) eingesetzt, folgt daraus:

$$T_t = S_0 \cdot q^n \cdot \frac{q-1}{q^n-1} - S_0 \cdot \frac{q^n-q^{t-1}}{q^n-1} \cdot i$$

Bringt man beide Terme auf einen Hauptnenner, folgt:

$$T_t = \frac{S_0 \cdot q^n \cdot (q-1) - S_0 \cdot i \cdot (q^n-q^{t-1})}{q^n-1} \qquad \text{und da (q - 1) = i}$$

$$T_t = \frac{S_0 \cdot q^n \cdot i - S_0 \cdot i \cdot (q^n-q^{t-1})}{q^n-1} = \frac{S_0 \cdot i \cdot (q^n-q^n+q^{t-1})}{q^n-1}$$

und damit

$$T_t = S_0 \cdot i \cdot \frac{q^{t-1}}{q^n-1} \tag{E.13}$$

Für das Beispiel ergibt sich für das 5. Jahr eine Tilgungsrate von:

$$T_5 = 100.000 \cdot 0,1 \cdot \frac{1,1^{5-1}}{1,1^{10}-1} = 9.186,55 \text{ €}$$

Die Zinsen des t-ten Jahres lassen sich als Differenz aus der Annuität und der Tilgungsrate des t-ten Jahres bestimmen:

$Z_t = R - T_t$

Wird Formel (E.10) für R und Formel (E.13) für T_t eingesetzt, folgt:

$$Z_t = S_0 \cdot q^n \cdot \frac{q-1}{q^n - 1} - S_0 \cdot i \cdot \frac{q^{t-1}}{q^n - 1}$$

Bringt man beide Terme auf den Hauptnenner, ergibt sich:

$$Z_t = \frac{S_0 \cdot q^n \cdot i - S_0 \cdot i \cdot q^{t-1}}{q^n - 1} \qquad \text{und schließlich}$$

$$Z_t = S_0 \cdot i \cdot \frac{q^n - q^{t-1}}{q^n - 1} \qquad\qquad (E.14)$$

Für das Beispiel ergeben sich im 5. Jahr Zinsen von:

$$Z_5 = 100.000 \cdot 0,1 \cdot \frac{1,1^{10} - 1,1^{5-1}}{1,1^{10} - 1} = 7.087,99 \text{ €}$$

3.2 Unterjährige Annuitätentilgung

Ausgangssituation:

Im Falle der unterjährigen Annuitätentilgung wird der aufgenommene Kredit in gleichbleibenden unterjährigen Zahlungen bedient. Dabei stellen die **unterjährigen Zahlungen in vollem Umfange Tilgungszahlungen** dar, d.h. sie umfassen keine Zinsanteile. Die anfallenden Zinsen werden jeweils am Ende des Jahres berechnet und dem Schuldner angelastet, so dass lediglich die letzte Annuität am Jahresende auch Zinskomponenten beinhaltet. Analog zur Ermittlung der **jahreskonformen Ersatzrentenrate** im Rahmen der Rentenrechnung[18] ist bei der unterjährigen Annuitätentilgung aus den unterjährigen Zahlungen eine **Jahresannuität** zu ermitteln. Diese Jahresannuität ist der Betrag, auf den die unterjährigen Raten anwachsen müssen, um sowohl die

---

[18] Vgl. Kapitel D.2.2.1, S. 90 f.

jährliche Tilgung als auch die am Ende des Jahres fälligen Zinsen begleichen zu können, wobei innerhalb des Jahres mit einfachen Zinsen gerechnet wird.

Bezeichnet man die m unterjährigen Zahlungen mit $r_1, r_2, ..., r_m$, gilt:

$$r_1 = r_2 = ... = r_m = r$$

Die **Jahresannuität** R ergibt sich dann analog zur (nachschüssigen) jahreskonformen Ersatzrentenrate zu:[19]

$$R = r \cdot [m + \frac{i}{2} \cdot (m-1)] \qquad \text{(E.15)}$$

Um die einzelne **Tilgungsrate** bestimmen zu können, muss diese Gleichung nach r aufgelöst werden:

$$r = \frac{R}{m + \frac{i}{2} \cdot (m-1)}$$

Ausgehend von der ursprünglichen Schuldsumme S_0 lässt sich die Jahresannuität gemäß Formel (E.10) bestimmen.

Beispiel:

Ein Kredit in Höhe von 10.000 € bei 10% jährlichen Kreditzinsen soll über 2 Jahre getilgt werden, und zwar bei monatlich nachschüssiger Annuitätentilgung. Wie hoch ist die Jahresannuität und wie sieht der Tilgungsplan aus?

Berechnung der Jahresannuität:

$$R = 10.000 \cdot 1{,}1^2 \cdot \frac{1{,}1 - 1}{1{,}1^2 - 1} = 5.761{,}90 \text{ €}$$

Berechnung der monatlichen Annuität:

$$r = \frac{5.761{,}90}{12 + \frac{0{,}1}{2} \cdot (12 - 1)} = 459{,}12$$

Interpretation:

Wenn monatlich nachschüssig jeweils 459,12 € gezahlt werden, ist der Kredit nach 2 Jahren abgelöst.

---

[19] Vgl. Formel (D.9), S. 92.

Der Tilgungsplan für das Beispiel sieht wie folgt aus:

t	k	$S_{k-1,t}$	$r_{k,t}$	$T_{k,t}$	Zinsbetrag	$S_{k,t}$	Zinsen
(1)	(2)	(3)	(4)	(5)	(6) = Σ (8)	(7)=(3)–(5)	(8) = (3) · i_{rel}
1	1	10.000,00	459,12	459,12		9.540,88	83,33
	2	9.540,88	459,12	459,12		9.081,76	79,51
	3	9.081,76	459,12	459,12		8.622,64	75,68
	4	8.622,64	459,12	459,12		8.163,52	71,86
	5	8.163,52	459,12	459,12		7.704,40	68,03
	6	7.704,40	459,12	459,12		7.245,28	64,20
	7	7.245,28	459,12	459,12		6.786,16	60,38
	8	6.786,16	459,12	459,12		6.327,04	56,55
	9	6.327,04	459,12	459,12		5.867,92	52,73
	10	5.867,92	459,12	459,12		5.408,80	48,90
	11	5.408,80	459,12	459,12		4.949,68	45,07
	12	4.949,68	459,12	- 228,37	**747,49**	**5.238,05**	41,25
2	1	5.238,05	459,12	459,12		4.778,93	43,65
	2	4.778,93	459,12	459,12		4.319,81	39,82
	3	4.319,81	459,12	459,12		3.860,69	36,00
	4	3.860,69	459,12	459,12		3.401,57	32,17
	5	3.401,57	459,12	459,12		2.942,45	28,35
	6	2.942,45	459,12	459,12		2.483,33	24,52
	7	2.483,33	459,12	459,12		2.024,21	20,69
	8	2.024,21	459,12	459,12		1.565,09	16,87
	9	1.565,09	459,12	459,12		1.105,97	13,04
	10	1.105,97	459,12	459,12		646,85	9,22
	11	646,85	459,12	459,12		187,73	5,39
	12	187,73	459,01	187,73	**271,28**	-	1,56

In Spalte (8) sind die Zinsen angegeben, die auf die jeweilige Restschuld zu Monatsanfang entfallen, aber erst am Ende des Jahres belastet werden. Die im laufenden Jahr gezahlten Annuitäten stellen in vollem Umfange Tilgungsleistungen dar [vgl. die Spalten (4) und (5)]; die Zinsen werden erst am Ende des Jahres belastet [siehe Spalte (6)]. Im vorliegenden Fall reicht die letzte Rückzahlungsrate im 1. Jahr jedoch nicht aus, die gesamten Jahreszinsen zu tragen. Da Zinsen von 747,49 € anfallen und die Annuität lediglich 459,12 € beträgt, erhöht sich die Verschuldung zum Ende des 1. Jahres um 228,37 €.

Die in der Tabelle angegebenen Werte lassen sich auch formelhaft bestimmen. Dazu werden folgende **Symbole** verwendet:

Z_t = Zinsbelastung am Ende des Jahres t, mit t = 1, ..., n
S_{t-1} = Restschuld zum Ende des Jahres t-1 bzw. zu Beginn des Jahres t
r = periodisch konstante Annuität
m = Anzahl der Tilgungsraten pro Jahr
i = nomineller Jahreszins

Die **Zinsen** am Ende des t-ten Jahres ergeben sich aus:

$$Z_t = S_{t-1} \cdot \frac{i}{m} + (S_{t-1} - r) \cdot \frac{i}{m} + (S_{t-1} - 2 \cdot r) \cdot \frac{i}{m} + \ldots + (S_{t-1} - [m-1] \cdot r) \cdot \frac{i}{m}$$

Es sind jeweils einfache Zinsen auf die Restschuld zu Beginn jeder Teilperiode zu entrichten. Nach Ausklammern von i/m folgt:

$$Z_t = \frac{i}{m} \cdot [S_{t-1} + (S_{t-1} - r) + (S_{t-1} - 2 \cdot r) + \cdots + (S_{t-1} - [m-1] \cdot r)]$$

Nach Ausklammern von S_{t-1}, Auflösen der Klammern und dem Ausklammern von r folgt:

$$Z_t = \frac{i}{m} \cdot [m \cdot S_{t-1} - r \cdot \{1 + 2 + 3 + \cdots + (m-1)\}]$$

In der geschweiften Klammer handelt es sich um eine arithmetische Reihe mit a_1 = 1, der konstanten Differenz d = 1 und n^* = m-1 Gliedern. Mit Hilfe der Summenformel ergibt sich für den Klammerausdruck:

$$S^* = \sum_{i=1}^{n^*} a_i = n^* \cdot \frac{a_1 + a_{n^*}}{2} = (m-1) \cdot \frac{1 + m - 1}{2} = \frac{m}{2} \cdot (m-1)$$

Setzt man diesen Ausdruck für die Klammer ein, folgt:

$$Z_t = \frac{i}{m} \cdot [m \cdot S_{t-1} - r \cdot \frac{m \cdot (m-1)}{2}]$$

Durch Kürzen von m ergibt sich:

$$Z_t = i \cdot [S_{t-1} - r \cdot \frac{(m-1)}{2}] \qquad\qquad\qquad \text{(E.16)}$$

Für das Beispiel ergeben sich am Ende des 1. bzw. 2. Jahres Zinsen von:

$$Z_1 = 0,1 \cdot [10.000 - 459,12 \cdot \frac{12-1}{2}] = 747,48 \text{ €}$$

$$Z_2 = 0,1 \cdot [5.238,05 - 459,12 \cdot \frac{12-1}{2}] = 271,29 \text{ €}$$

Die **Restschuld** zu Beginn des t-ten Jahres ergibt sich, indem von der Restschuld zu Beginn des Vorjahres die m Tilgungsraten des Jahres ($m \cdot r$) abgezogen und die zu zahlenden Zinsen gemäß (E.16) hinzugerechnet werden:

$$S_t = S_{t-1} - m \cdot r + i \cdot [S_{t-1} - r \cdot \frac{m-1}{2}] \qquad\qquad \text{(E.17)}$$

Für das Beispiel ergibt sich am Ende des 1. bzw. zu Beginn des 2. Jahres eine Restschuld von:

$$S_1 = 10.000 - 12 \cdot 459,12 + 0,1 \cdot [10.000 - 459,12 \cdot \frac{12-1}{2}] = 5.238,04 \text{ €}$$

3.3 Tilgung mit konstanten Prozentsätzen
Ausgangssituation:
Bei der Annuitätentilgung treten i.A. keine glatten Rückzahlungsbeträge auf. Zur Buchungsvereinfachung wird deshalb in der Praxis gern mit sog. **Prozentannuitäten** gearbeitet. Diese stellen jedoch keine eigenständige Methode dar, sondern sind als **Spezialfall der Annuitätentilgung** zu betrachten: Dabei wird die **Annuität als konstanter Prozentsatz der ursprünglichen Schuldsumme** festgelegt. Die Vorgehensweise sei an einem einfachen Beispiel demonstriert. Angenommen, es liegt ein Bauspardarlehn von 100.000 € vor. Die Rückzahlung soll in jährlichen Beträgen von 12% des Darlehns erfolgen. Verzinst sich das Darlehn zu 5% p.a., bleiben für Tilgungszwecke zunächst 7% übrig. Mit abnehmender Restschuld vermindert sich der Zinsanteil der Rück-

zahlungsrate, wohingegen der Tilgungsanteil (des 12%-igen Rückzahlungs-betrages) immer weiter wächst. Durch die willkürliche Vorgabe eines Rück-zahlungsprozentsatzes endet die Kreditlaufzeit nur höchst zufällig genau am Ende eines Jahres. In der Regel ergibt sich bei der Prozentannuität nach einer bestimmten Laufzeit eine Restschuld, die kleiner ist als die Annuität. Diese Restschuld wird als sog. **Abschlusszahlung** bezeichnet, für die zwei alternative Rückzahlungsmöglichkeiten existieren: Entweder wird die Restschuld zum Ende des Jahres zusammen mit der letzten Annuität beglichen, oder im darauffolgenden Jahr unter Berücksichtigung von Zinsen gezahlt.

Beispiel:

Ein Bauspardarlehn von 100.000 € bei 5% jährlichem Darlehnszins soll jährlich nachschüssig im Umfang von 12% des Darlehnsbetrages zurückgezahlt werden. Wie hoch ist die Jahresannuität und wie sieht der Tilgungsplan aus?

Berechnung der Jahresannuität:

$R = 100.000 \cdot 0,12 = 12.000$ €

Der Tilgungsplan für das Beispiel sieht wie folgt aus:

t	S_{t-1}	R	T_t	Z_t	S_t
(1)	(2)	(3) = $S_0 \cdot 12\%$	(4) = (5) − (3)	(5) = (2) · i	(6) = (2) − (4)
1	100.000	12.000	7.000,00	5.000,00	93.000,00
2	93.000,00	12.000	7.350,00	4.650,00	85.650,00
3	85.650,00	12.000	7.717,50	4.282,50	77.932,50
4	77.932,50	12.000	8.103,38	3.896,63	69.829,13
5	69.829,13	12.000	8.508,54	3.491,46	61.320,59
6	61.320,59	12.000	8.933,97	3.066,03	52.386,62
7	52.386,62	12.000	9.380,67	2.619,33	43.005,95
8	43.005,95	12.000	9.849,70	2.150,30	33.156,25
9	33.156,25	12.000	10.342,19	1.657,81	22.814,06
10	22.814,06	12.000	10.859,30	1.140,70	11.954,76
11	11.954,76	12.000	11.402,26	597,74	**552,50**

Die Tabelle zeigt, dass die tatsächlichen Zahlungen mit jeweils 12.000 € [siehe Spalte (3)] glatte Beträge sind, wohingegen die einzelnen Zins- und Tilgungsanteile [siehe Spalten (4) und (5)] alles andere als glatte Beträge darstellen. Durch die (autonome) Vorgabe eines Rückzahlungsprozentsatzes (hier 12%) endet die Laufzeit des Kredits nicht genau am Ende eines Jahres. Am Ende von Periode 11 verbleibt eine Restschuld, die kleiner ist als die Annuität. Der Schuldner kann entscheiden, ob er den verbleibenden Restbetrag als Abschlusszahlung am Ende des 11. Jahres zusammen mit der letzten Annuität (also 12.552,50) oder ein Jahr später (am Ende des 12. Jahres) unter Berücksichtigung von Zinsen (552,50 · 1,05 = 580,13) zahlen möchte.

Die tabellierten Werte lassen sich auch formelhaft bestimmen. So lässt sich etwa die **Laufzeit eines Annuitätenkredits** folgendermaßen bestimmen: Ausgangspunkt der Berechnungen ist die Tatsache, dass die Laufzeit endet, wenn die Restschuld des Kredits S_t gleich null ist. Die zugehörige Gleichung lautet:

$$S_t = S_0 \cdot q^t - R \cdot \frac{q^t-1}{q-1} = 0$$

Inhaltlich ist die Formel wiederum durch die Aufteilung in zwei getrennte Zahlungsfolgen bzw. Konten zu erklären.[20] Der **Minuend** der Gleichung symbolisiert das 1. Konto. Auf diesen Betrag wäre die Schuld ohne zwischenzeitliche Tilgungszahlungen bis zum Ende des t-ten Jahres angewachsen. Der **Subtrahend** der Gleichung bildet das 2. Konto ab. Es repräsentiert den Endwert aller gezahlten Annuitäten am Ende des t-ten Jahres. Die Restschuld ist null, wenn die beiden Konten betragsmäßig übereinstimmen. Gesucht ist damit die Laufzeit t, für welche die obige Gleichung den Wert null annimmt.

Um t zu bestimmen, wird zunächst der Subtrahend auf die rechte Seite der Gleichung gebracht und die Gleichung mit dem Nenner $(q - 1)$ multipliziert:

$$S_0 \cdot q^t = R \cdot \frac{q^t-1}{q-1}$$

$$S_0 \cdot q^t \cdot (q-1) = R \cdot (q^t-1) = R \cdot q^t - R \qquad \text{durch Ausmultiplizieren}$$

$$S_0 \cdot q^t \cdot (q-1) - R \cdot q^t = -R \quad \text{Elemente, die t enthalten, auf eine Seite}$$

---

[20] Siehe S. 126 f.

$$-S_0 \cdot q^t \cdot (q-1) + R \cdot q^t = R \qquad\qquad \text{mit -1 multiplizieren}$$

$$q^t \cdot [R - S_0 \cdot (q-1)] = R \qquad\qquad q^t \text{ ausklammern}$$

$$q^t \cdot [R - S_0 \cdot i] = R \qquad\qquad q = 1 + i$$

$$q^t = \frac{R}{R - S_0 \cdot i}$$

Für den Nenner kann auch T_1 geschrieben werden, denn $(S_0 \cdot i)$ stellt die Zinsbelastung am Ende des 1. Jahres dar, sodass die Differenz im Nenner, d.h. Annuität abzüglich Zinsen im 1. Jahr, der Tilgungsrate im 1. Jahr entspricht. Mithin gilt:

$$q^t = \frac{R}{T_1}$$

Durch Logarithmieren ergibt sich:

$$t \cdot \log q = \log R - \log T_1$$

$$t = \frac{\log R - \log T_1}{\log q} \qquad\qquad\qquad (E.18)$$

Für das Beispiel ergibt sich eine Laufzeit von:

$$t = \frac{\log 12.000 - \log 7.000}{\log 1,05} = 11,04723687$$

Interpretation:
Die Tilgung erfolgt also in 11 kompletten Jahren, wobei eine Abschlusszahlung übrig bleibt.

Die Abschlusszahlung AZ_g entspricht der Restschuld nach Zahlung der letzten vollen Annuität, also nach Ablauf des letzten ganzzahligen Jahres, dass hier mit g bezeichnet werden soll. Es ergibt sich:

$$S_g = AZ_g = S_0 \cdot q^g - R \cdot \frac{q^g - 1}{q - 1} \qquad\qquad (E.19)$$

Für das Beispiel ergibt sich eine Abschlusszahlung von:

$$S_{g=11} = AZ_{11} = 100.000 \cdot 1,05^{11} - 12.000 \cdot \frac{1,05^{11} - 1}{1,05 - 1} = 552,49$$

4 Übungen zu den Tilgungsrechnungen

4.1 Fragen

1) Die Aufnahme eines Kredites löst Rückzahlungsverpflichtungen aus. Aus welchen Bestandteilen setzt sich eine einzelne Rückzahlungsrate in der Regel zusammen? *(S. 115 f.)*

2) Nach welchen Kriterien lassen sich Tilgungsvorgänge systematisieren? *(S. 116)*

3) Grenzen Sie die endfällige Tilgung von der Tilgung in Raten ab! *(S. 116)*

4) Bei Tilgung in Raten kann der Verlauf der Kreditrückzahlung unterschiedlich ausgestaltet werden. Nennen und erläutern Sie die beiden idealtypischen Möglichkeiten! *(S. 116 f.)*

5) Tilgungszahlungen können in unterschiedlichen Zeitabständen und zu unterschiedlichen Zeitpunkten vorgenommen werden. Nennen und erläutern Sie die typischen Ausgestaltungsformen! *(S. 117)*

6) Für die Verzinsung von Tilgungsvorgängen sind verschiedene Ausgestaltungsformen denkbar. Nennen und erläutern Sie diese! *(S. 117)*

7) Wie lässt sich bei jährlicher bzw. unterjähriger Ratentilgung die einzelne Tilgungsrate bestimmen? Geben Sie jeweils die Formel zur Berechnung der Rate an und definieren Sie die dabei von Ihnen verwendeten Symbole! *(S. 120 und 123)*

8) Wodurch unterscheidet sich die Annuitätentilgung von der Ratentilgung? Verdeutlichen Sie die Unterschiede anhand einer grafischen Darstellung der beiden Tilgungsvorgänge! *(S. 118)*

9) Wie geht man bei einer jährlichen Annuitätentilgung vor, um die Höhe der Annuität zu bestimmen? *(S. 126 f.)*

10) Vergleichen Sie die Berechnung der Annuität der Tilgungsrechnung mit der Bestimmung der Rentenrate bei vorgegebenem Barwert! *(S. 126 f.)*

11) Vergleichen Sie im Falle einer unterjährigen Annuitätentilgung die Bestimmung der Jahresannuität mit der Berechnung der jahreskonformen Ersatzrentenrate! *(S. 132 f.)*

12) Was versteht man unter einer Prozentannuität und warum wird in der Praxis oft mit dieser Form der Tilgung gearbeitet? *(S. 136)*

13) Was versteht man unter der Abschlusszahlung bei einer Tilgung mit konstanten Prozentsätzen und wie lässt sich diese bestimmen? *(S. 137)*

14) Welchen Alternativen bietet die Praxis hinsichtlich der Vornahme der Abschlusszahlung? *(S. 137)*

4.2 Aufgaben

Aufgabe 1

Ein Kredit mit einer Schuldsumme von 50.000 € ist über 5 Jahre nach der Methode der jährlich-nachschüssigen Ratentilgung zurückzuzahlen. Erstellen Sie einen Finanzplan für einen Jahreszinssatz von 5% und zeigen Sie beispielhaft, wie sich die Restschuld, die Zinszahlung sowie die Annuität am Ende des 2. Jahres formelhaft bestimmen lassen!

Aufgabe 2

Eine Schuld von 240.000 € sei in 25 Jahren mit konstanten Tilgungsraten zu tilgen; die Verzinsung erfolge zu 7,5% p.a.

a) Welche Zahlungen sind insgesamt zu leisten?

b) Wie hoch ist die Restschuld nach 10 Jahren?

c) Wie viel Zinsen müssen im 10. Jahr gezahlt werden?

Aufgabe 3

Eine GmbH nimmt einen Kredit über 2 Mio. € zu 10% p.a. Zins auf, der mit gleichbleibenden Tilgungsraten in 20 Jahren zu tilgen ist. Berechnen Sie

a) die Restschuld am Anfang des 10. Jahres,

b) die Restschuld nach 15 Jahren,

c) den Zinsbetrag im 12. Jahr,

d) die Ausgaben im 18. Jahr und

e) die insgesamt zu zahlenden Zinsen.

Aufgabe 4

Ein Kredit von 350.000 € soll mit 10% p.a. verzinst werden. Folgende Tilgungen sind vereinbart:

Ende Jahr 1: 70.000 €   Ende Jahr 4: 63.000 €

Ende Jahr 6: 224.500 €   Ende Jahr 7: Resttilgung.

Am Ende des 3. und 5. Jahres erfolgen keine Zahlungen des Schuldners, vielmehr erfolgt Ende des 5. Jahres eine Neuverschuldung um 175.000 €. In allen anderen Jahren (außer 3. und 5. Jahr) werden neben den vereinbarten Tilgungen zusätzlich die fälligen Zinsen bezahlt. Stellen Sie den Tilgungsplan auf.

Aufgabe 5

Wie sieht der Tilgungsplan des Kredites aus Aufgabe 1 aus, falls die Tilgung unterjährig (quartalsweise) erfolgt?

Aufgabe 6

Eine Anleihe von 1,2 Mio. € soll zum Jahreszinsfuß von 8% halbjährlich verzinst und nach 2 tilgungsfreien Jahren durch gleichbleibende Tilgungsraten innerhalb der nächsten 3 Jahre halbjährlich getilgt werden. Wie gestaltet sich der Tilgungsplan?

Aufgabe 7

Eine AG nimmt einen Kredit über 10 Mio. € auf, der in 10 Jahren mit gleichbleibenden vierteljährlichen Tilgungsraten zu tilgen ist. Der Vierteljahreszins beträgt 2%. Berechnen Sie

a) die Restschuld nach 5,75 Jahren,
b) die Restschuld zu Beginn des 9. Jahres,
c) die Zinsen in der 2. Hälfte des 5. Jahres,
d) die Ausgaben im 3. Quartal des 7. Jahres und
e) die insgesamt zu leistenden Zinsen.

Aufgabe 8

Ein Kredit soll mit 18 Monatsraten zu 6.000 €/Monat bei i=12% p.a. zurückgezahlt werden. Wie hoch ist die Summe der Ausgaben, um den Kredit vollständig (inkl. Zinsen) zurückzuführen?

Aufgabe 9

Ein Kredit in Höhe von 120.000 € soll durch jährliche Annuitätentilgung über 4 Jahre abgelöst werden. Erstellen Sie einen Finanzplan für einen Jahreszinssatz von 6% und zeigen Sie beispielhaft, wie sich die Restschuld, die Tilgungszahlung sowie die Zinszahlung am Ende des 2. Jahres formelhaft bestimmen lassen.

Aufgabe 10

Ein Bauwilliger kann jährlich einen Betrag von 24.000 € aufbringen. Wie hoch darf der Kreditbetrag maximal sein, wenn jährlich 8% Zinsen gezahlt werden müssen und die Tilgung über 30 Jahre laufen soll?

Aufgabe 11

Ein Darlehen in Höhe von 600.000 € soll in 6 Jahren durch Annuitätentilgung abgelöst werden (i = 5 % p.a.).

a) Wie hoch ist die jährliche nachschüssig zu zahlende Annuität?
b) Wie hoch ist die 4. Tilgungsrate?
c) Welcher Schuldwert verbleibt nach 4 Jahren nach der 4. Tilgung?
d) Welche Zinsen sind im 5. Jahr zu zahlen?
e) Stellen Sie den Tilgungsplan auf!

Aufgabe 12

Ein Kredit von 100.000 € soll jeweils am Jahresende durch gleiche Annuitäten von 11.000 € bei i=10% p.a. zurückgezahlt werden. Welche Ausgleichszahlung müsste der Kreditnehmer zusätzlich zur ersten Annuität leisten, damit sich die zunächst (d.h. ohne Ausgleichszahlung) errechnete Gesamtlaufzeit des Kredits auf die nächst kleinere, ganzzahlige Jahreszahl reduziert?

Aufgabe 13

Ein Kredit mit einer Schuldsumme von 40.000 € ist über 4 Jahre nach der Methode der quartalsweisen-nachschüssigen Annuitätentilgung zurückzuzahlen. Ermitteln Sie die Jahresannuität sowie die Rückzahlungsrate und erstellen Sie einen Finanzplan für einen Jahreszinssatz von 4%. Zeigen Sie beispielhaft, wie sich die Zinsbelastung am Ende des 3. Jahres und die Restschuld zu Beginn des 4. Jahres formelhaft bestimmen lassen.

Aufgabe 14

Eine Schuld von 9.000 € soll durch vierteljährliche konstante Annuitätenraten in 3 Jahren getilgt werden. Der Jahreszinssatz beträgt 7%. Wie groß sind die Vierteljahresraten?

Aufgabe 15

Ein Darlehen über 50.000 € soll mit Quartalszahlungen i.H.v. 2.500 € bedient werden. Bei einem Jahreszinssatz von 7% erfolgt die Zinsverrechnung jährlich. Wie hoch ist die Restschuld des Darlehens nach 5 Jahren?

Aufgabe 16

Eine Annuitätenschuld von 50.000 € ist monatlich nachschüssig mit 490,38 € zurückzuzahlen. Die jährliche Verzinsung beträgt 5%. Berechnen Sie die Laufzeit!

Aufgabe 17

Ein Bausparer möchte einen Kredit von 80.000 € bei 6% jährlichem Darlehenszins aufnehmen. Es wurde vereinbart, dass der Sparer eine Prozentannuität von 15% leisten soll. Erstellen Sie den Tilgungsplan! Bestimmen Sie die Laufzeit der Tilgung sowie die Abschlusszahlung durch Verwendung finanzmathematischer Formeln!

Aufgabe 18

Ein Kredit über 25.000 € soll jedes Jahr mit 21% zurückgezahlt werden. Der Zinssatz beläuft sich auf 12% p.a. Wie hoch ist die Abschlusszahlung?

Aufgabe 19

Eine Bank gewährt einen Kredit von 100.000 €. Das Darlehen ist mit 5% p.a. zu verzinsen und annuitätisch mit zunächst 8% zu tilgen. Nach wie viel Jahren ist die Hälfte des Darlehens getilgt?

Aufgabe 20

Ein Kredit i.H.v. 300.000 € wird vierteljährlich nachschüssig zu 8% zurückgezahlt. Der Jahreszins für dieses Darlehen beläuft sich auf nominell 10%. Nach wie vielen Jahren ist der Kredit getilgt und wie hoch ist die Abschlusszahlung, wenn abweichend von der üblichen Aufgabenstellung eine vierteljährliche Verzinsung (mit Zinseszinsen) unterstellt wird?

F   NACHTRAG
1   Lösungen zu den Aufgaben
Lösungswerte und Formeln zu

1.1 Finanzmathematische Grundlagen

1   a) a_8 = 74.000 € (B.2); b) S^* = 536.000 € (B.3)

2   S^* = 8.000 € (B.3)

4   a) a_8 = 84.426,03 € (B.5); b) S^* = 572.946,53 € (B.6)

5   a) a_{10} = 1.999.004,63 € (B.5); b) S^* = 14.486.562,47 € (B.6)

7   A_t = 160.000 € (B.8)

8   n = 8 Jahre (B.8)

9   a_0 = 56.700 + L_9 € (B.8)

10 D = 80.000 € (B.9), A_1 = 320.000 €

11 n = 5 Jahre (B.9)

12 D = 1.621,67 € (B.9)

13 p = 43,25727 % (B.11)

14 RBW_5 = 20.168,40 € (B.11)

1.2 Zinsrechnungen

1   (1) $K_0 = \dfrac{K_n}{1 + n \cdot i}$;   (2) $n = \dfrac{\frac{K_n}{K_0} - 1}{i}$;   (3) $i = \dfrac{\frac{K_n}{K_0} - 1}{n}$

2   (1) $K_0 = \dfrac{K_n}{q^n}$;   (2) $n = \dfrac{\log K_n - \log K_0}{\log q}$;   (3) $i = \sqrt[n]{\dfrac{K_n}{K_0}} - 1$

3   i = 6,5 % (C.2)

4   n = 9 Jahre (C.2)

5   K_0 = 12.500 € (C.2)

6   a) n = 27, 043 Jahre (C.2); b) n = 16,38 Jahre (C.4)

7   K_0 = 915,49 € (C.2)

8   i = 3 % (C.4)

9   n = 6 Jahre (C.4)

10 K_0 = 17.400 € (C.4)

11	1/4	1/2	1	2	3	4	5	10	20
(C.2)	1.025	1.050	1.100	1.200	1.300	1.400	1.500	1.600	1.700
(C.4)	1.024	1.049	1.100	1.210	1.331	1.464	1.611	2.594	6.728

12 $i_{rel} = 1{,}24451\,\%$ (C.8); $i_{nom} = 14{,}93417\,\%$ (C.7); $i_{kon} = 1{,}24451\,\%$ (C.9)

13 $i = 5{,}49841\,\%$

14 $K_5 = 1.765{,}68\,€$; $i = 3{,}315\,\%$

15 (I) $K_3 = 14.049{,}28\,€$; (II) $K_3 = 14.307{,}69\,€$; (III) $K_3 = 14.094{,}44\,€$

16 1. $K_6 = 91.347{,}27\,€$; 2. $K_6 = 90.603{,}66\,€$

17 $K_0 = 39.552{,}95\,€$

18 $K_{2,5} = 83.095{,}76\,€$ (C.6)

19 $K_n = 8.828{,}60\,€$ (C.6)

20 $K_0 = 7.254{,}93\,€$ (C.6)

21 $K_n = 1.441{,}50\,€$

22 a) $i_{nom} = 6{,}88\,\%$ (C.8); b) $i_{kon} = 3{,}44\,\%$ (C.9); $i_{rel} = 3{,}44\,\%$ (C.7)

23 $i_{kon} = 3\,\%$

24 $i_{kon} = 1{,}94\,\%$

25 a)

jährlich	quartalsweise	monatlich	alle 20 Tage
$i_{eff} = 55{,}67\,\%$	$i_{eff} = 68{,}41\,\%$	$i_{eff} = 72{,}32\,\%$	$i_{eff} = 73{,}02\,\%$

b)

$m = 1$	$i_{rel} = 55{,}6701$	$i_{nom} = 55{,}6701$	$i_{eff} = 55{,}6701$	$i_{kon} = 55{,}6701$
$m = 4$	$i_{rel} = 13{,}9175$	$i_{nom} = 55{,}6701$	$i_{eff} = 68{,}4078$	$i_{kon} = 13{,}9175$
$m = 12$	$i_{rel} = 4{,}6392$	$i_{nom} = 55{,}6701$	$i_{eff} = 72{,}3184$	$i_{kon} = 4{,}6392$
$m = 18$	$i_{rel} = 3{,}9093$	$i_{nom} = 55{,}6701$	$i_{eff} = 73{,}0250$	$i_{kon} = 3{,}9093$

26 $K_{4,5} = 7.200\,€$ (C.10)

27 a) $i_{eff} = 3{,}71373\,\%$ (C.4); b) $i_{kon} = 0{,}98534\,\%$ (C.9);

28 $K_0 = 30.025\,€$ (C.10)

29 $i_{rel} = 1{,}75\,\%$ (C.11)

30 $K_5 = 7.321{,}14\,€$ (C.4)

31 a) $K_5 = 26.764{,}51\,€$; b) $K_5 = 26.878{,}33\,€$; c) $K_5 = 26.977{,}00\,€$;
     d) $K_5 = 26.996{,}501\,€$; e) $K_5 = 26.997{,}18\,€$ (C.4 und C.15);

32 $K_0 = 29.518{,}45\,€$ (C.4)

33 $i_{nom} = 9{,}44725\,\%$ (C.11)

34 K_n = 3.635,89 € (C.12)

35 K_n = 19.076,83 € (C.12)

36 K_0 = 43.158,65 € (C.12)

37 K_0 = 44.046,09 € (C.12)

38 K_n = 225,50 € (C.15)

39 i = 5,1 % (C.15)

1.3 Rentenrechnungen

1 $REW^v_{10,0,1} = 630.024,99$ € (D.1); $RBW^v_{10,0,1} = 93.649,20$ € (D.3)

2 n = 8,2725 Jahre (D.1)

3 $\tilde{r} = 164.495,25$ € (D.3)

4 a) n = 6 Jahre; b) $\tilde{r} = 4.641,30$ € (D.1)

5 a) $RBW^v_{13,0,045} = 50.592,50$ (D.3); b) $K_5 = 63.047,96$ € (C.4)

6 a) $RBW^n_{20,0,1} = 85.135,64$ € (D.7); b) $REW^n_{20,0,1} = 572.749,99$ € (D.5)

7 n = 8 Jahre (D.5)

8 K_5 = 43.715,98 € (D.7)

9 $RBW^n_{n,0,04} = 43.911,97$ € (D.7)

10 a) $RBW^n_{10,0,06} = 22.080,26$ € (D.7); b) $K_3 = 26.297,94$ € (C.4)

11 r_e = 10.480,50 € (D.9); $RBW^n_{5,i} = 44.147,68$ € (D.7); $REW^n_{5,i} = 59.079,55$ € (D.5)

12 a) r_e = 18.825 €; $RBW^n_{6,0,1} = 81.987,78$ € (D.9)
    b) r_e = 18.368,59 €; r = 1.463,63 € (D.7)

13 r_e = 4.076,04 € (D.7); r = 330,58 € (D.9)

14 r_e = 101,88 € (D.9); n = 13,83 Jahre (D.7); USt irrelevant!

15 a) $REW^n_{7,i} = 5.017,51$ €; b) $REW^n_{7,i} = 5.027,96$ €;
    c) $REW^n_{7,i} = 5.033,51$ €; d) $REW^n_{7,i} = 5.037,33$ €
    (D.10), (D.5)

16 n = 6,99 Jahre (D.10), (D.5)

17 a) $\tilde{r}$ = 1.500, 44 € ; b) $\tilde{r}$ = 1.508, 18 €   (D.10), (D.5)

18 i = 5,5 % (D.11)

19 r_e = 12,3025 · r; r = 894,13 € (D.9), (D.11)

20 $RBW^v_{\infty,0,08} = 2.160.000$ €; K_0 = 1.361.166,39 €   (D.12), (C.4)

21 Näherung: $n \approx 11{,}8$ Jahre (siehe auch S. 160 f.)

22 $RBW_{\infty,0,07}^{v} = 15.285.714 \, €$ (D.12)

23 $RBW_{\infty,0,0632}^{v} = 100.936{,}71 \, €$ (D.12)

24 $r = 5.660{,}38 \, €$ (D.12)

25 a) $RBW_{\infty,0,04}^{v} = 26.000 \, €$ (D.12);
   b) $r_e = 2.060 \, €$; $RBW_{\infty,i}^{v} = 51.500 \, €$ (D.10)

26 $RBW_{10,0,07}^{gs} = 42.988{,}14 \, €$ (D.13), (C.4)

27 Näherung: $i \approx 4{,}5\,\%$

28 $RBW_{5,0,05}^{gs,v} = 12.054{,}05 \, €$ (D.13)

29 $n = 12{,}28$ Jahre (C.4), (D.13)

30 $RBW_{10,0,07}^{as} = 40.661{,}02 \, €$ (D.14)

31 $r = 2.499{,}92 \, €$ (D.14)

32 $D = 500 \, €$ (D.14)

33

a)	nachschüssig	vorschüssig
Barwert (t = 0)	$r \cdot \dfrac{f^n - q^n}{f - q} \cdot \dfrac{1}{q^n}$	$r \cdot \dfrac{f^n - q^n}{f - q} \cdot \dfrac{1}{q^{n-1}}$
Endwert (t = n)		$r \cdot \dfrac{f^n - q^n}{f - q} \cdot q$

b)	nachschüssig	vorschüssig
Barwert (t = 0)		$RBW_{n,i}^{v} + \dfrac{d}{i} \cdot \left[RBF_{n,i}^{v} - \dfrac{n}{q^{n-1}}\right]$
Endwert (t = n)	$REW_{n,i}^{n} + \dfrac{d}{i} \cdot \left[REF_{n,i}^{n} - n\right]$	$REW_{n,i}^{v} + \dfrac{d}{i} \cdot \left[REF_{n,i}^{v} - n \cdot q\right]$

1.4 Tilgungsrechnungen

1

t	S_{t-1}	Z_t	T_t	R_t	S_t
0	-	-	-	-	50.000
1	50.000	2.500	10.000	12.500	40.000
...	...	...	...	...	...
5	10.000	500	10.000	10.500	-

$S_2 = 30.000$ (E.2); $Z_2 = 2.000$ (E.3); $R_2 = 12.000$ (E.4)

2 a) 474.000 €; b) $S_{10} = 144.000$ €; c) $Z_{10} = 11.520$ € (E.2), (E.3)

3 a) $S_9 = 1.100.000$ €; b) $S_{15} = 50.000$ €; c) $Z_{12} = 90.000$ €;
d) $R_{18} = 130.000$ €; e) 2.100.000 € (E.2), (E.3), (E.4)

4

t	S_{t-1}	Z_t	T_t	R_t	S_t
(1)	(2)	(3) = (2) · 0,1	(4)	(5) = (3) + (4)	(6) = (2) - (4)
1	350.000	35.000	70.000	105.000	280.000
2	280.000	28.000	0	28.000	280.000
3	280.000	28.000	- 28.000	0	308.000
4	308.000	30.800	63.000	93.800	245.000
5	245.000	24.500	- 199.500	- 175.000	444.500
6	444.500	44.450	224.500	268.950	220.000
7	220.000	22.000	220.000	242.000	0

5

t	k	$S_{k-1,t}$	$Z_{k,t}$	$T_{k,t}$	$R_{k,t}$	$S_{k,t}$
(1)	(2)	(3)	(4) = 0,0125 · (3)	(5)	(6) = (4) + (5)	(7) = (3) − (5)
1	1	50.000	625	2.500	3.125	47.500
	2	47.500	593,75	2.500	3.093,75	45.000
	3	45.000	562,50	2.500	3.062,50	42.500
	4	42.500	531,25	2.500	3.031,25	40.000
...	...					

6

t	k	$S_{k-1,t}$	$Z_{k,t}$	$T_{k,t}$	$R_{k,t}$	$S_{k,t}$
(1)	(2)	(3)	(4) = 0,04 · (3)	(5)	(6)= (4) + (5)	(7) = (3) – (5)
1	1	1.200.000	48.000	0	48.000	1.200.000
	2	1.200.000	48.000	0	48.000	1.200.000
...	...	...	...	...	...	...
3	1	1.200.000	48.000	200.000	248.000	1.000.000
	2	1.000.000	40.000	200.000	240.000	800.000
...	...	...	...	...	...	...
5	2	200.000	8.000	200.000	208.000	0

7   a) $S_{3,6}$ = 4,25 Mio. €; b) $S_{4,8}$ = 2 Mio. €; c) Z = 215.000 €;
    d) $R_{3,7}$ = 320.000 €; e) 4,1 Mio. € (E.6), (E.7), (E.8), (E.9)

8   118.260 € (E.5)

9   R = 34.630,98 €; S_2 = 63.492,18 €; T_2 = 29.076,84 €; Z_2 = 5.554,14 €
    (E.10), (E.12), (E.13), (E.14)

10 S_0 = 270.186,80 € (E.10)

11 a) R = 118.210,48 € (E.10); b) T_4 = 102.114,66 € (E.13);
    c) S_4 = 219.801,80 € (E.12); d) Z_5 = 10.990,09 € (E.14);
    e)

t	S_{t-1}	R	T_t	Z_t	S_t
(1)	(2)	(3)	(4)=(3)–(5)	(5)=(2) · 0,05	(6)=(2)–(4)
1	600.000,00	118.210,48	88.210,48	30.000,00	511.789,52
...	...	...	...	...	...
6	112.581,42	118.210,48	112.581,41	5.629,07	0,01

12 n = 25,15886 Jahre; AZ_{25} = 1.652,94 €; AZ_1 = 167,82 € (E.10), (E.19)

14 r = 835,44 € (E.10), (E.15)

15 S_1 = 42.237,50 €; S_2 = 36.001,63 €; S_3 = 28.259,24 €; S_4 = 19.974,89 €;
    S_5 = 11.110,63 € (E.17)

16 n = 11 Jahre (E.15), (E.10)

13

t	k	$S_{k-1,t}$	$r_{k,t}$	$T_{k,t}$	Z_t	$S_{k,t}$	Zinsen
(1)	(2)	(3)	(4)	(5)=(4)-(6)	(6)	(7)=(3)-(5)	(8)=(3)· i_{rel}
1	1	40.000,00	2.714,19	2.714,19		37.285,81	400
	2	37.285,85	2.714,19	2.714,19		34.571,62	372,86
	3	34.571,62	2.714,19	2.714,19		31.857,43	345,72
	4	31.857,43	2.714,19	1.277,04	1.437,15	30.580,39	318,57
2	1	30.580,39	2.714,19	2.714,19		27.866,20	305,80
...	...	...	...	...		...	...
4	1	10.595,74	2.714,19	2.714,19		7.881,55	105,96
	2	7.881,55	2.714,19	2.714,19		5.167,36	78,82
	3	5.167,36	2.714,19	2.714,19		2.453,17	51,67
	4	2.453,17	2.714,19	2.453,21	260,98	0,04	24,53

17

t	S_{t-1}	R	T_t	Z_t	S_t
(1)	(2)	(3) = S_0 · 0,15	(4) = (3) − (5)	(5) = (2) · 0,06	(6)
1	80.000	12.000	7.200	4.800	72.800
2	72.800	12.000	7.632	4.368	65.168
...	...	...	...	...	...
8	19.564,37	12.000	10.826,14	1.173,86	8.738,23

t = 8,76669291 [Jahre] (E.18)

18 t = 7,476464216 Jahre; AZ_7 = 2.299,72 € (E.18), (E.19)

19 t = 5,57353557 Jahre (E.19)

20 t = 15,1743137 [Quartale]; AZ_{15} = 4.123,21 € (E.18), (E.19)

2 Vom Text zur Rechnung

Aufgabe 1: Unterjährige Rentenrechnung

Ein Rentenvorgang möge sich aus drei Phasen zusammensetzen: (1) eine Ansparphase über 30 Jahre, (2) eine Entsparphase mit garantierten Rentenraten über 15 Jahre sowie (3) eine Restlaufzeit bis zum Lebensende mit erst später zu ermittelnden Rentenraten.

Das Sparziel am Ende der 1. Phase soll sich auf 200.000 € belaufen, am Ende der 2. Phase sollen davon noch genau 20.000 € vorhanden sein, um daraus die noch verbleibenden Renten bis zum Lebensende zahlen zu können. Sowohl die Zahlungen in der 1. Phase $r^{(1)}$ als auch die Zahlungen in der 2. Phase $r^{(2)}$ werden jeweils monatlich nachschüssig geleistet. Der nominelle Jahreszinssatz beläuft sich über alle drei Phasen auf konstant 4,5%. Unterjährig wird mit einfachen Zinsen gerechnet.

a) Welcher Betrag muss monatlich gezahlt werden, um das gewünschte Sparziel am Ende der 1. Phase zu erreichen?

b) Welcher Betrag kann monatlich gezahlt werden, um am Ende der 2. Phase noch ein Restkapital von 20.000 € zur Finanzierung der Renten in der 3. Phase vorzuhalten?

Interpretation und Berechnung

Dem Problem liegen drei Rentenvorgänge zugrunde (, von denen tatsächlich nur zwei zu berechnen sind): Nach Abschluss der 1. Phase muss der Sparer ein Kapital angesammelt haben, das zur Finanzierung einer Rente über die 2. Phase reicht, so dass am Ende dieser Phase noch einen Restguthaben von 20.000 € verbleibt, das zur Finanzierung einer weiteren Rente über Phase 3 (die aber nicht zu berechnen ist) vorgesehen ist.

Finanzmathematisch bedeutet diese Problemstellung folgendes: Der Rentenendwert der Ansparphase 1 über 30 Jahre (in Höhe von 200.000 €) muss dem Rentenbarwert der Rente aus Phase 2 über 15 Jahre entsprechen und darüber hinaus auch noch die 20.000 € umfassen, die für Phase 3 benötigt werden. Dabei müssen diese 20.000 € aber erst nach Ablauf der ersten Entsparphase, d.h. 15 Jahre später, zur Verfügung stehen. Alle Zahlungen werden dabei auf das Ende des Ansparvorgangs bezogen, der damit als Referenzzeitpunkt für die Berechnungen gewählt wird. Theoretisch sind aber auch andere (Referenz-) Zeitpunkte denkbar.

Für den Referenzzeitpunkt ist damit folgende Gleichung aufzustellen:
Rentenendwert der Ansparphase = Rentenbarwert der Entsparphase 1
plus 20.000 (abgezinst um 15 Jahre)

Fraglich ist somit, a) wie viel der Sparer monatlich nachschüssig einzahlen muss, um nach 30 Jahren das Sparziel von 200.000 € zu erreichen und b) welche Rente sich der Sparer aus diesem Vermögen über die nachfolgenden 15 Jahre leisten kann, wenn am Ende dieses Rentenvorgangs noch 20.000 € verbleiben sollen.

Zu a): Berechnung der monatlichen Ansparraten
Der Rentenendwert ist mit 200.000 € als Sparziel bekannt. Aus der Formel für den nachschüssigen Rentenendwert ist zunächst die jährliche Rentenrate zu ermitteln. Diese ist dabei als jahreskonforme Ersatzrentenrate r_e zu interpretieren und in eine unterjährige (hier monatliche) Rente r_1 zu transformieren. Damit ergibt sich:

$$REW_{n,i}^{n} = r_e \cdot \frac{q^n - 1}{q - 1} = 200.000 \quad \text{mit} \quad r_e = r_1 \cdot \left[m + \frac{i}{2} \cdot (m - 1) \right]$$

$$r_1 \cdot \left[m + \frac{i}{2} \cdot (m - 1) \right] \cdot \frac{q^n - 1}{q - 1} = 200.000$$

$$r_1 \cdot \left[12 + \frac{0,045}{2} \cdot (12 - 1) \right] \cdot \frac{1,045^{30} - 1}{1,045 - 1} = 200.000$$

$$r_1 = 267,67$$

Wenn der Sparer monatlich nachschüssig über 30 Jahre 267,67 € bei einem Zinssatz von 4,5 % p.a. anspart, verfügt er danach über ein Kapital von 200.000 €, das er anschließend verrenten lassen kann.

Zu b): Berechnung der monatlichen Entsparraten
Bei der Verrentung des Kapitalstocks von 200.000 € muss berücksichtigt werden, dass am Ende der Verrentung noch 20.000 € verbleiben sollen. Während sich der Wert des Kapitalstocks auf $t = 0$ bezieht, sind die 20.000 € Restbestand auf den Zeitpunkt $t = n = 15$ bezogen. Wird der Restbestand über 15

Jahre abgezinst und vom vorhandenen Kapitalstock abgezogen, verbleibt der Betrag, der für die Verrentung über 15 Jahre zur Verfügung steht. Mithin sieht die Rechnung wie folgt aus:

$$200.000 - 20.000 \cdot q^{-15} = RBW_{n,i}^n = r_e \cdot \frac{q^n - 1}{q - 1} \cdot \frac{1}{q^n}$$

$$\text{mit } r_e = r_2 \cdot [m + \frac{i}{2} \cdot (m - 1)]$$

$$200.000 - 20.000 \cdot 1{,}045^{-15} = r_2 \cdot \left[12 + \frac{0{,}045}{2} \cdot 11\right] \cdot \frac{1{,}045^{15} - 1}{1{,}045 - 1} \cdot \frac{1}{1{,}045^{15}}$$

$$r_2 = 1.441{,}97$$

Aus dem angesparten Kapitalstock von 200.000 € kann der Sparer über 15 Jahre monatlich nachschüssig 1.441,97 € entnehmen und hat nach 15 Jahren noch ein Endvermögen von 20.000 €, das er anschließend weiter verrenten kann.

Aufgabe 2: Kombinierte Zins- und Rentenrechnung

Ein Spediteur hat für den Bau einer Lagerhalle am 1.1.2011 einen Kredit in Höhe von $S_0 = 460.000$ [€] von seiner Bank erhalten. Für die ersten 3 Jahre ist der Kredit von jeglichen Zahlungen freigestellt. Ab dem 1.1.2014 muss der Spediteur halbjährlich nachschüssig jeweils $r^{(1)} = 36.000$ [€] an die Bank zahlen. Da im Jahr 2018 ein größerer Teil des Fuhrparks ersetzt werden muss, hat der Spediteur mit seiner Bank vereinbart, dass die Jahre 2018, 2019 und 2020 wiederum von jeglichen Zahlungen befreit werden. Ab dem 1.1.2021 werden dann die Zahlungen wieder aufgenommen, und zwar sind dann jeweils vierteljährlich vorschüssig $r^{(2)} = 30.000$ [€] zu zahlen. Unterjährig rechnet die Bank mit einfachen Zinsen und einem nominellen Zinssatz von i = 10 [%] p.a.

a) Stellen Sie die angeführten Zahlungen an einem Zeitstrahl (bis 1.1.2022) dar!

b) Fraglich ist, in welchem Quartal welchen Jahres der Kredit komplett abgelöst ist. Stellen Sie eine Gleichung auf, mit deren Hilfe sich die Restlaufzeit des Kredits nach dem 1.1.2021 bestimmen lässt! (*Hilfestellung: Nutzen Sie den 1.1.2021 als Referenzzeitpunkt des Auf- und Abzinsens!*)

c) Ermitteln Sie, wann die letzte komplette Quartalsrate von 30.000 € zu zahlen ist und welche **Restschuld** dann am Ende des Jahres noch verbleibt!

Interpretation und Berechnung

Zu a): Darstellung am Zeitstrahl

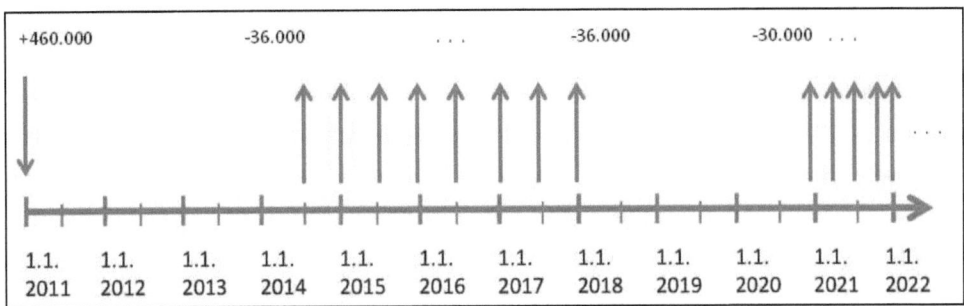

Zu b): Aufstellen der Gleichung

Die Problemsituation ist zunächst verbal zu erfassen. Demnach stellt sich das Problem wie folgt dar: Ausgehend von einem Kredit in Höhe von 460.000 € bleibt dieser Kreditstand über 3 Jahre unverändert. Danach beginnt die Rückzahlung der Schuld inklusive der bis dahin aufgelaufenen Zinsen mit Beträgen von halbjährlich nachschüssig 36.000 € und dauert über 4 Jahre an. In den darauffolgenden 3 Jahren werden erneut keine Rückzahlungen vorgenommen, so dass sich die Schuldsumme um die entsprechenden Zinsen wiederum erhöht. Der erhöhte Schuldenstand wird dann mit nachschüssigen Zahlungen von vierteljährlich 30.000 € sukzessive abgetragen. Fraglich ist, wann die Schuld komplett abgetragen ist.

Da sich die verschiedenen Zahlungen und die zu berechnenden Werte auf unterschiedliche Zeitpunkte beziehen, ist zunächst wiederum ein beliebiger Bezugszeitpunkt festzulegen. Entsprechend der Hilfsstellung wird hier als Referenzzeitpunkt der 1.1.2021 gewählt. Damit stellt sich das Problem wie folgt dar:

Alle Rückzahlungsbeträge ab dem 1.1.2021 müssen einen Barwert ergeben, der es ermöglicht, mit diesem Barwert die verbleibende Restschuld aus der ursprünglichen Schuldsumme von 460.000 € abzüglich der bereits vorgenommenen Rückzahlungen von jeweils 36.000 € und unter Berücksichtigung der rückzahlungsfreien Perioden zu decken. Aus Gründen der Rechenvereinfachung sei wiederum auf die Vorstellung der Kontentrennung zurückgegriffen. Danach ergibt sich am 1.1.2021 folge Situation:

Die ursprüngliche Schuld von 460.000 € ist unter Vernachlässigung der Rückzahlungen (Konto 1) auf $460.000 \cdot q^{10}$ angewachsen. Die Rentenraten von halbjährlich 36.000 € werden auf Konto 2 sukzessive gesammelt und verzinst, so dass sich nach vier Jahren zunächst ein Rentenendwert zum 1.1.2018 ergibt, der dann noch bis zum 1.1.2021 um drei Jahre verzinst werden muss. Am 1.1.2021 erfolgt der „Kassensturz": Schuldenstand des Kontos 1 abzüglich verzinster Rückzahlungen auf Konto 2 stellt den aktuellen Schuldenstand dar, der in den Folgejahren abgetragen werden muss. Damit ergibt sich folgende Gleichung:

$$460.000 \cdot q^{10} - r_e^{(1)} \cdot \frac{q^4 - 1}{q - 1} \cdot q^3 = r_e^{(2)} \cdot \frac{1}{q^{n_2}} \cdot \frac{q^{n_2} - 1}{q - 1}$$

Auf der linken Seite der Gleichung findet sich der Restschuldenstand zum 1.1.2021, die rechte Seite repräsentiert den Barwert der Rückzahlungen, die noch zu leisten sind, wobei der Zeitraum n_2 über den die Rückzahlungen vorzunehmen sind, unbekannt ist. Entsprechend ist die Gleichung nach dieser Unbekannten umzuformen. Dabei gilt:

$$r_e^{(1)} = r^{(1)} \cdot \left[m^{(1)} + \frac{i}{2} \cdot (m^{(1)} - 1) \right] = 36.000 \cdot \left[2 + \frac{0,1}{2} \cdot 1 \right] = 73.800$$

$$r_e^{(2)} = r^{(2)} \cdot \left[m^{(2)} + \frac{i}{2} \cdot (m^{(2)} + 1) \right] = 30.000 \cdot \left[4 + \frac{0,1}{2} \cdot 5 \right] = 127.500$$

Zu c): Berechnung von Tilgungsdauer und Restschuld

$$460.000 \cdot 1,1^{10} - 73.800 \cdot \frac{1,1^4 - 1}{1,1 - 1} \cdot 1,1^3 = 127.500 \cdot \frac{1}{1,1^{n_2}} \cdot \frac{1,1^{n_2} - 1}{1,1 - 1}$$

Lösung: $n_2 = 9,05782246$

Die letzte Rate von 30.000 € ist nach 9 Jahren vierteljährlich vorschüssig, d.h. am 1.10.2029, zu zahlen.

Die Restschuld bzw. Abschlusszahlung am 31.12.2029 ergibt sich wie folgt:

$$S_9 = S_0 \cdot q^9 - 127.500 \cdot \frac{q^n - 1}{q - 1} = 737.246,31 \cdot 1,1^9 - 127.500 \cdot \frac{1,1^9 - 1}{1,1 - 1}$$

$S_9 = 7.004,93$ €

Am 31.12.2029 kann der Kredit mit einer Zahlung von 7.004,93 € endgültig abgelöst werden.

Aufgabe 3: Ewige Rente

Im Jahre 1867 ist den USA mit dem Kauf von Alaska ein äußerst lukratives Geschäft gelungen. Zum Preis von 7,2 Mio. US-Dollar haben sie damals von Russland den mittlerweile größten Bundesstaat der USA erworben. Ab welchem jährlich jeweils nachschüssig zu erreichenden durchschnittlichen Einzahlungsüberschuss hätte sich dieses Geschäft für die USA bereits gelohnt, wenn mit einem Zinssatz von 6% gerechnet wird?

Interpretation und Berechnung

Im vorliegenden Fall ist zunächst unklar, zu welcher Kategorie von Rentenrechnungen die Problemstellung zu rechnen ist. Es kann sich jedoch unzweifelhaft nur um eine Aufgabenstellung der ewigen Rente handeln, denn zum einen ist keine Laufzeit n angegeben, zum andern ist in der Realität davon auszugehen, dass Alaska auf absehbare Zeit weiterhin zu den USA gehören wird. Damit lässt sich die Lösung mit Hilfe der Barwertformel für nachschüssige ewige Renten wie folgt bestimmen:

$$RBW_{\infty,i}^n = \frac{r}{i} \quad \text{und damit} \quad r = RBW_{\infty,i}^n \cdot i = 7,2 \, Mio. \cdot 0,06 = 432.000$$

Wenn die USA jährlich nachschüssig mehr als 432.000 US-$ aus dem neuen Staatsgebiet „verdienen", hat sich das Geschäft bei unterstelltem Jahreszinssatz von 6% für sie gelohnt.

3 Näherungsverfahren zur Ermittlung von Nullstellen

Treten in der Finanzmathematik Polynome höheren Grades (n > 2) auf, ist eine analytisch exakte Lösung für die Nullstelle i.A. nicht zu ermitteln. In diesem Fall kann man auf sog. Näherungsverfahren zurückgreifen. Aus der Vielzahl möglicher Verfahren sollen im Folgenden die Methode *Regula falsi* sowie das *Newton'sche Näherungsverfahren* beschrieben werden.

(1) Methode Regula falsi

Gegeben sei eine Funktion n-ten Grades

$$f(x) = a_0 \cdot x^n + a_1 \cdot x^{n-1} + \dots + a_{n-1} \cdot x + a_n$$

Durch Austesten verschiedener x-Werte erhält man zunächst zwei Startwerte x_1 und x_2 mit der Eigenschaft:

$$f(x_1) \cdot f(x_2) < 0$$

Das bedeutet aber, dass ein positiver und ein negativer Funktionswert vorliegen, so dass die gesuchte Nullstelle (Funktionswert = 0) innerhalb des Intervalls [x_1; x_2] liegen muss, wie folgende Abbildung zeigt.

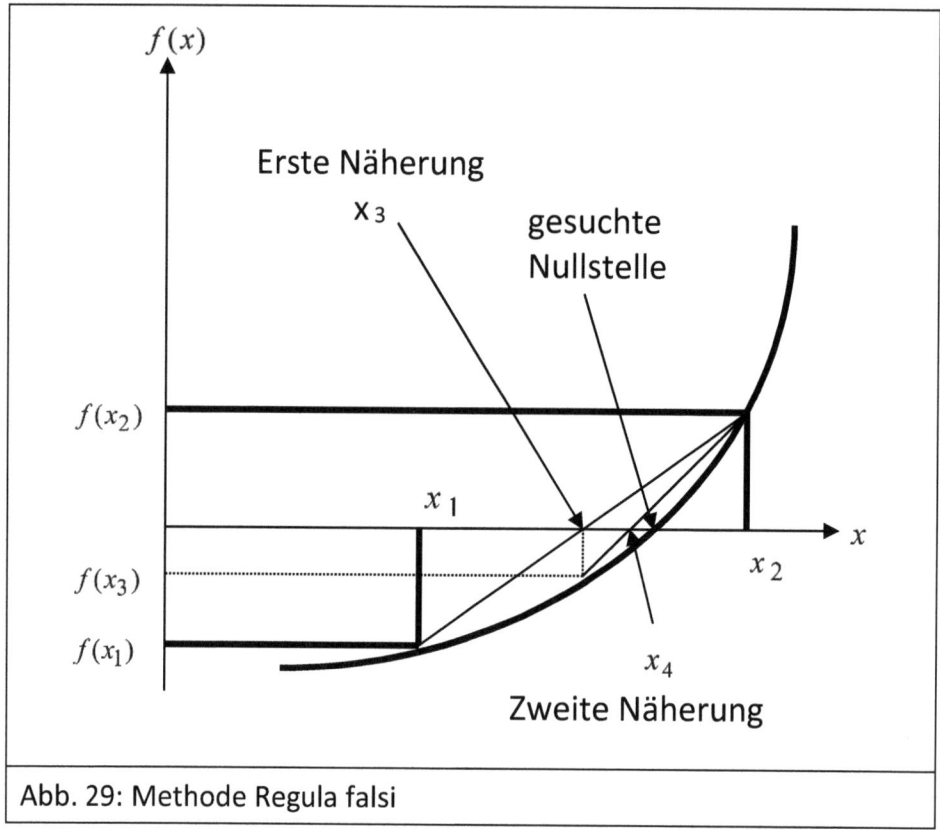

Abb. 29: Methode Regula falsi

Als erster Näherungswert der gesuchten Nullstelle wird bei der Methode Regula falsi der Schnittpunkt der Verbindungslinie zwischen den Funktionswerten $f(x_1)$ und $f(x_2)$ mit der Abszisse ermittelt. Der Abszissenschnittpunkt (x_3) lässt sich folgendermaßen bestimmen:

$$x_3 = \frac{x_1 \cdot f(x_2) - x_2 \cdot f(x_1)}{f(x_2) - f(x_1)} \qquad \text{(F.1)}$$

Diese erste Näherung kann nun fortlaufend verbessert werden. Der nächste Näherungswert x_4 ergibt sich wegen $f(x_3) < 0$ und $f(x_2) > 0$ aus:

$$X_4 = \frac{x_3 \cdot f(x_2) - x_2 \cdot f(x_3)}{f(x_2) - f(x_3)}$$

Der Wert x₁ fällt als Untergrenze des Lösungsintervalls fort, da x₃ (bei ebenfalls negativem Funktionswert f(x₃) < 0 wie bei x₁) näher an der Nullstelle liegt.

Allgemein gilt:

$$X_{i+n} = \frac{x_i \cdot f(x_2) - x_2 \cdot f(x_i)}{f(x_2) - f(x_i)}$$

Je näher die Startwerte x_1 und x_2 an der gesuchten Nullstelle liegen, desto schneller gelangt man zur gesuchten Nullstelle.

(2)   Newton´sches Verfahren

Die Methode Regula falsi konvergiert relativ langsam in Richtung auf die gesuchte Nullstelle. Das Newton´sche Verfahren, das im Folgenden vorgestellt werden soll, konvergiert dagegen schneller, so dass weniger Schritte notwendig sind, die gesuchte Nullstelle zu ermitteln. Allerdings fallen die einzelnen Schritte rechenaufwendiger aus als bei der Methode Regula falsi.

Zur Durchführung des Verfahrens müssen zwei Voraussetzungen erfüllt sein:

(a) die Funktion f ist stetig differenzierbar und

(b) die erste Ableitung der Funktion an der Stelle x_i muss ungleich null sein:
     $f'(x_i) \neq 0$

Mit einem Startwert x_1 bestimmen sich die nachfolgenden Werte x_2, x_3, x_4, … aus der Vorschrift:

$$X_{i+1} = X_i - \frac{f(x_i)}{f'(x_i)}$$

Grafisch interpretiert bedeutet die Vorgehensweise nach dem Newton´schen Verfahren, dass die Tangente an den zunächst ermittelten Näherungswert gelegt wird und nicht die Sekante wie bei der Methode Regula falsi. Ist ein Näherungswert x_i bekannt, so bestimmt man den nächsten Näherungswert x_{i+1} als Abszissenschnittpunkt der durch [x_i, $f(x_i)$] verlaufenden Tangente. Die Steigung der Tangente wird dabei durch $f'(x_i)$ bestimmt.

Folgende Abbildung verdeutlicht die Vorgehensweise des Newton´schen Verfahrens:

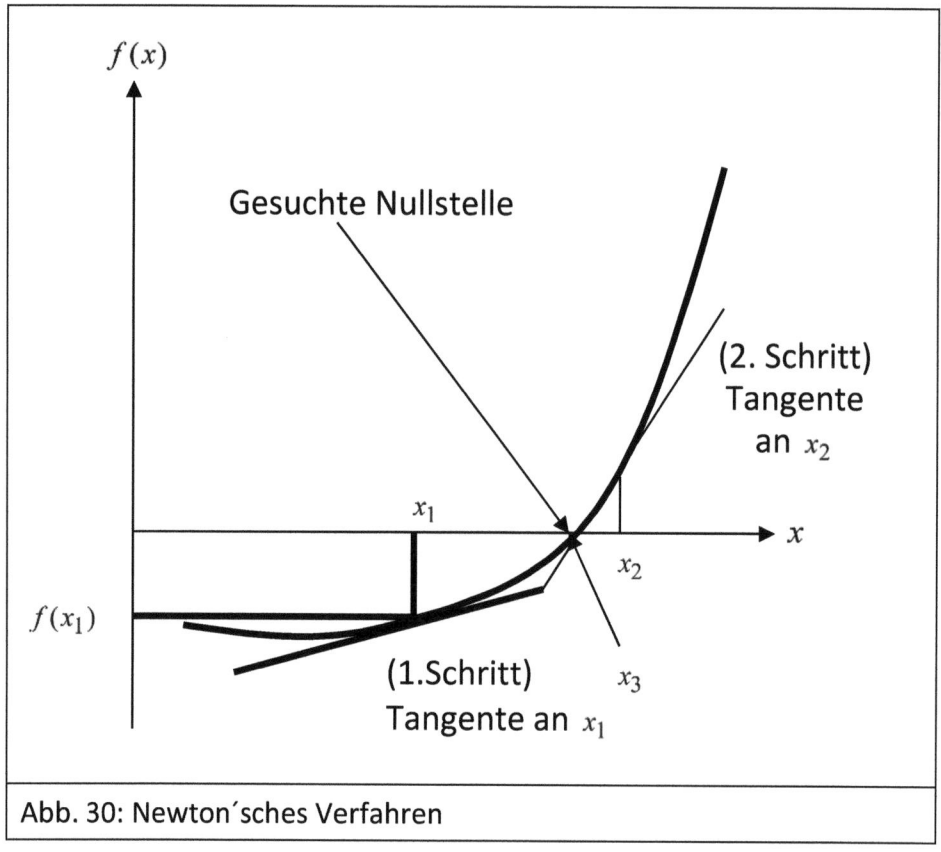

Abb. 30: Newton´sches Verfahren

Die Abbildung zeigt, dass der Näherungswert schon nach einer Iteration sehr nahe an der gesuchten Nullstelle liegt.

Beispiel zur Anwendung der Methode Regula falsi
(siehe Aufgabe 21 zur Rentenrechnung, S. 112 sowie die Lösung auf S. 148)

Im Falle des Pensionärs bzw. Berufsanfängers gilt es, den Zeitpunkt zu bestimmen, in dem beide über ein gleich hohes Vermögen verfügen. Die Bestimmungsgleichung zur Ermittlung dieses Zeitpunktes (n) lautet wie folgt:

$$100.000 \cdot 1{,}06^n + 10.000 \cdot \frac{1{,}2^n - 1{,}06^n}{1{,}2 - 1{,}06} = 1 \ Mio. \ \cdot 1{,}06^n - 80.000 \cdot \frac{1{,}06^n - 1}{1{,}06 - 1}$$

Nach einigen Umformungen ergibt sich:

$$3.040 \cdot 1{,}06^n + 600 \cdot 1{,}2^n - 11.200 = 0$$

Das Einsetzen verschiedener Werte für n führt zu folgender Wertetabelle:

n	5	10	15
f(n)	− 5.638	− 2.040	5.329

Das Einsetzen verschiedener Variablenwerte ist so vorzunehmen, dass – wie in der Tabelle geschehen – ein positiver und ein negativer Funktionswert auftritt. In diesem Fall muss die gesuchte Nullstelle zwischen den beiden zugehörigen Funktionswerten liegen, da die Funktion mindestens einmal die Abszisse schneidet, um aus dem negativen in den positiven Bereich (bzw. umgekehrt) zu wandern. Gemäß Regula falsi kann eine erste Näherung mit Hilfe von Formel (F.1) bestimmt werden:

$$x_3 = \frac{x_1 \cdot f(x_2) - x_2 \cdot f(x_1)}{f(x_2) - f(x_1)} = \frac{10 \cdot 5.329 - 15 \cdot (-2.040)}{5.329 - (-2.040)} = 11,38$$

$$f(x_3 = 11,38) = - 522,10$$

Da der Funktionswert $f(x_3)$ negativ ist, muss die gesuchte Nullstelle zwischen n = 11,38 und n = 15 liegen. Eine neue, verbesserte Annäherung kann durch erneute Anwendung von Formel (F.1) ermittelt werden, wobei x_3 an die Stelle von x_1 tritt. Durch mehrmaliges Wiederholen lässt sich das Lösungsintervall immer weiter verkleinern und eine beliebig genaue Annäherung an die tatsächliche Nullstelle erreichen.

4   Literaturhinweise

ADELMEYER, M.,WARMUTH, E., Finanzmathematik für Einsteiger, 2. Aufl., Wiesbaden 2005

ALBRECHT, P., Finanzmathematik für Wirtschaftswissenschaftler, 4. Aufl., Stuttgart 2019

ALTROGGE, G., Finanzmathematik, München 1999

ARRENBERG, J., Klausurwissen in Finanzmathematik, München/Wien 2019

DÄUMLER, K., GRABE, J., Grundlagen der Investitions- und Wirtschaftlichkeitsrechnung, 13. Aufl., Herne/Berlin 2014

GÖTTE, R., Finanzmathematik im Alltag, Stuttgart 2015

IHRIG, H.,PFLAUMER, P., Finanzmathematik, 11. Aufl., München 2009

KLÖCKNER, B., DÜTTING, W., Rechentraining für Finanzdienstleister, 6. Aufl., Wiesbaden 2009

KOBELT, H., SCHULTE, P., Finanzmathematik, 8. Aufl., Herne/Berlin 2006

KÖHLER, H., Finanzmathematik, 4. Aufl., München 1997

KOSIOL, E., Finanzmathematik, 10. Aufl., Wiesbaden 1966

KRUSCHWITZ, L., Finanzmathematik, 6. Aufl., Berlin/Boston 2018

KUPPINGER, B., Finanzmathematik, Weinheim 2015

PFEIFER, A., Finanzmathematik, 6. Aufl., Haan-Gruiten 2016

SCHMALENBACH, E., Die Abschreibung, in: Zeitschrift für handelswissenschaftliche Forschung, 3. Jg. (1908/09), Bd. 3, S. 81-88

SCHNEIDER, D., Investition, Finanzierung und Besteuerung, 7. Aufl., Wiesbaden 1992

SCHULDENZUCKER, U., Prüfungstraining Finanzmathematik, Stuttgart 2014

SCHWENKERT, R., STRY Y., Finanzmathematik kompakt, 2. Auflage, Berlin/Heidelberg 2016

TIETBÖHL, G., Finanzmathematik, 2. Auflage, Hamburg 1999

TIETZE, J., Übungsbuch zur Finanzmathematik, 8. Aufl., Wiesbaden 2015

VAN DITZHUYZEN, K., Finanzmathematik, München 1995

WAHL, D., Finanzmathematik, Stuttgart 1998

WESSLER, M., Grundzüge der Finanzmathematik, München/Harlow 2013

WESSLER, M., Grundzüge der Finanzmathematik - Das Übungsbuch, München 2014

WIMMER, K., Finanzmathematik, 7. Aufl., München 2013